風呂内亜矢

「定年」からでも間に合う老後の資産運用

講談社＋α新書

はじめに　幸せな老後マネーとのつきあいかた

定年退職を間近に控えると、いよいよ老後の生活が現実味を帯びてきます。老後といってもいまや人生百年時代となりました。定年延長や再雇用などで七〇歳までは少なくとも現役、という心構えの方も増えていることと思います。実際、定年後の生活を見据えて、「退職金で老後資金を賄えるのか」「年金は足りるのか」「途中で老後資金がつきてしまうのではないか」「子どもに頼ることになるのでは」と、私もふだんの仕事上、さまざまな不安の声を耳にします。

二〇二〇年には新型コロナウイルス感染症の流行が始まり、収束への期待を信じきれずにいます。ここまでの事態になると誰が予測できたでしょうか。ウイルスにより多くの命が失われただけでなく、経済にも深刻な打撃が与えられました。

ここ数年、将来を楽観視できる要素を見つけるのが難しくなってきています。私自身これまでFP（ファイナンシャルプランナー）として、共著や監修も含めお金に関する書籍を二〇冊以上執筆し、テレビ、経済誌、週刊誌などの各種媒体でもお金に関する疑問の解決法などを紹介してきました。こうした発信を続けるにつけ、これからの時代は、本当に自助努力が文字通り自分を助ける要《かなめ》になると感じます。幸せな老後を考える上で、お金とのつきあい方がこれまで以上に重要になってきたと言えるでしょう。

すでに資産運用に取り組み、着々と準備を続けてきた方と、準備をせず漫然と過ごしてきた方では老後の暮らし方にも当然大きな違いが出てきます。

しかし、安心してください。じつはちょっとの工夫をするだけで老後資金は見通しが立つものです。定年間際の方でも、十分に間に合います。

必要以上にリスクのある投資や、続けられないような節約をする必要はありません。退職金や公的年金の上手な受け取り方、定年後でも間に合う資産運用の仕方、自分にあった節約方法など、知っておくべき知識を押さえ、それを実践するだけで、十分に幸せな老後を送ることはできるのです。

この本ではコロナ禍以後に老後を迎える方たちに必要なお金とのつきあい方、具体的な対策方法をお伝えしていきます。手に取られた少しでも多くの方が、不安なく老後を過ごせるよう、祈っています。

「定年」からでも間に合う老後の資産運用／目次

はじめに　幸せな老後マネーとのつきあいかた　3

序章　資産運用をはじめる前に心がけること

押さえておきたい三つのコツ　13
日々の家計との向き合い方　14
難しく考えてはいけない「資産運用」　15
家計管理と資産運用が百パーセント完璧でなくてもいい　16
五三歳のテストケース　17
六〇歳のテストケース　19

第一章　「自分仕様」の資産運用を見つけるために

1　資産運用のための準備　家計がわかれば運用も簡単に！　24
2　家計管理の三つの考え方　26
3　出ていくお金　29

「いくら必要なのか？」にとらわれない　29
変動費の削減は難しい、固定費を見直すべき　31
大切なのはパートナーへの敬意　33
4　入るお金はどれくらいあるか　35
年金額を確認する　35
見落としがちな退職金への課税　36
年金方式で退職金をもらう　37
公的年金は「保険を買っている」という感覚で　38
「もらい忘れ」に要注意　41
働き続けることのメリット　44
5　結局いくら必要なのか　46
6　取り崩し方　48
お金の価値を維持しながら未来のリスクに備える　48
九〇歳まで帳尻が合えばなんとかなる　49

第二章　老後資産運用の基礎知識

1　お金の管理も立派な資産運用です　55

現預金を守る　55

支出のルーティンをつかむ　56

人生の「貯め期」は三回　58

まずは少額から、とにかくルールを作ってみる　59

家計の管理は三つのスパンで　60

収入の四分の一を貯蓄の目安に　61

2　資産のほとんどを現金で保有しておくことのリスク　64

3　投資への期待感を下げる　66

「天井売らず底買わず」の法則　66

預貯金に回せる額の五パーセントからはじめる　67

定年後からはじめる投資には十分な注意を　69

物価や景気の変動に備えるという目的を忘れずに　71

4　それぞれの金融商品のリスクと特徴　73
リスクを区分けする　73
流動性、安全性、利殖性　75
――預貯金の特徴　77
――保険の特徴　78
――債券の仕組み　81
――株式　84
――外資での運用もあり？　89
投資というよりちょっとしたお得ワザ　89
FXのリスクと特性を知っておこう　92
5　結局どんな商品を選んで投資すればいいのか　93
王道のカギとなる三つの要素　93
「スーパーのお惣菜」をイメージ　96
6　なぜ投資信託の積立投資を検討すべきなのか　98

第三章　投資の王道　投資信託

1　そもそも投資信託はどういう仕組み？　104
証券会社、運用会社、信託銀行の関係　104
運用のコストを把握する　106
売却時の税金に要注意　109
2　購入の仕方　111
「基準価額」はあくまで目安　111
購入の仕方は種類ごとに異なる　113
長期投資は個人投資家の強み　114
3　証券会社の選び方　117
4　口座の選び方　120
5　商品の種類、選び方　122
投資の種類や手法で分類する　122
不動産や商品への投資も　125

バランス型投信のメリットと注意点　127
分配金の落とし穴　129
「便利でわかりやすい」がいいとは限らない　130
コア資産を選ぶ三つのポイント　132
全世界に投資するバリエーション　135
ETFも選択肢に　140
6　取り崩し方　143
難しい売却のタイミング　143
定額、定口、定率、それぞれのポイント　144
お金を使いたいタイミングでは売ってもいい　147

第四章　味方にしたい税制優遇口座

1　アセットロケーション（資産の置き場所）も重要　150
2　NISAとは　152
非課税の枠と期間　152

相殺や期限の注意点　154
3　つみたてNISA　157
4　二〇二四年から新NISAがはじまる　160
ちょっと複雑　二階建て構造　160
気をつけたいロールオーバー　162
5　確定拠出年金とは　165
税制優遇のポイント　165
退職所得控除　169
課税されるタイミングを有利に　172
6　見逃せない手数料　拠出額を上げ、負担割合を下げたい　176
7　定年間際の世代が確定拠出年金（iDeCo）をはじめるメリット　178
8　NISAとiDeCo　どちらを優先させるべき？　180
最強の組み合わせとは　180
そこそこ働き、そこそこ使う生き方　182

序　章　資産運用をはじめる前に心がけること

押さえておきたい三つのコツ

定年退職までのカウントダウンがはじまっていても、老後の生活を想像できない方は多いです。現役の今は忙しいですし、子どもがまだ大学に通っているなど、足元の生活も大変。そんな中で、いつまで続くかわからない老後に完璧に自信を持った備えなんて、できなくても仕方ありません。

しかし、老後の経済対策はコツさえつかめば、それほど難しいことではありません。

そのコツの一つ目は、我が家の家計を把握し、現在地を確認すること。

次に、医療費など大きな支出がいくらかを想定すること。

そして、それまでに蓄えたお金を効率的でシンプルな運用に回しておくこと。

この三つを理解しておくだけで、老後資金に対する不安はほとんど解消されてしまいます。

必ず取り組むのは前の二つ。その上で、三つ目の「資産運用」を間違えないことが、老後のゆとりを生むための重要なポイントです。

家計の状況や大きな支出計画がわからないまま、やみくもに運用を始めても、冷静な判断ができず失敗してしまいがちです。何のために資産を運用するのか、目的を見失わずに取り組みたいですね。

日々の生活を送るうえで家計の収支をバランスよく把握し、退職金やこれまでに貯蓄した手元にある資産の価値を保つための適切な運用法を考えましょう。

日々の家計との向き合い方

老後の資金の原資は大きなもので退職金、そして日々の生活を支える公的年金があります。これらの資金だけで足りるのか足りないのかを知るためには、そもそも「我が家が毎月いくらくらい支出をする家庭なのか」を把握しなければ判断ができません。同じ額の退職金や公的年金を受給したとしても、使う金額が多い人と少ない人とでは、お金がもつ期間が違います。

けれど、退職金などの大きな金額に目を奪われたり、仮に、すでに高い運用成果を挙げていても派手な投資にばかり目を向けてしまったりして、「我が家が毎月いくら使っているのか」を把握していない人は意外と多いです。実際、大企業に勤め難易度の高い業務にあたられているエリートの方であっても、家計は奥さんに任せきりで、我が家がひと月にいくら使っているのかまったく知らない、という方は多いです。

現役時代に生活費を月五〇万円くらい使っているのに、老後は月一〇万円くらいで暮らせるだろうと安易に考えていたり、月に一〇万円くらいかかっている食費を、節約レシピで三万円に減らせると思っていたり。生きていることには想像以上にお金がかかっていますが、実感としてわからない人も多いのです。

そのため、まずは我が家の「現在地」をしっかり確認し、今のままでどのくらい足りるのか、足りないのか、を把握することが重要です。そして、その延長線上に、思っているよりも長く生きるかもしれない事態、「人生百年」に備えた「資産運用」があります。

難しく考えてはいけない「資産運用」

「資産運用」と聞くと、数百万円から数千万円を一気に「投資」することだと考えている人もいるかもしれませんが、そうではありません。

また、投資の初心者やお金の扱いが苦手な方には投資を難しく考えすぎている、逆に投資をすれば資産が倍に増えるなど、魔法の杖のようなイメージを抱いている方がいます。そして、せっかく投資するのなら、「一発当てよう」と大きな金額を投資に回したり、理解が難しい複雑な仕組みの金融商品に手を出したりして、必要以上にリスクを取りすぎてしまう人もいます。

大切なのは日々の生活費の枠から、すぐには使わない「待てる」資金や、いまある資産の一部を投資に回していくことで、**資産の「価値」が目減りするリスクを軽減すること**。これが資産運用の中に投資を組み込む最も大事な目的です。収支のバランスを把握し、将来必要な支出を考え、余力が出たところから一部投資に回していく。そうした一連の流れ全体のことを「資産運用」といいます。

家計管理と資産運用が百パーセント完璧でなくてもいい

老後マネーを考える上でもう一つ大切な三つの柱があります。

一つは支出減少（節約）、二つ目は収入増加（稼ぐ期間の延長なども）、そして最後が投資を含む資産の置き場所の研究（資産運用）です。

節約と稼ぐ、これがどちらもうまくいっていれば、家計は回りますよね。そこに投資も加えて考えると、この三つのうち、どれか二つがうまくいき、どれか一つがうまくいかなかったとしても、あるいはいずれも平均点程度であっても、問題は少ないのです。

二つが九〇点くらいを取れていて、残り一つが取り組めていないという人でお金に困っている人を、私は見たことがありません。また同じく、突出して稼げたり節約できたりするわけではないものの、三つの要素にまんべんなく取り組み、平均点を取れている人も同じく、お金に困っている人を見たことがありません。

すべてで一〇〇点を取る必要はありません。三つが平均点、あるいはどれか二つが九〇点を取ればOKなのです。

たとえば、節約が苦手な人なら七〇歳ごろまで働く期間を延ばし、累積の収入を増やし、余力を投資に回し、この二つで九〇点を目指す。退職後あまり働きたくない人なら、節約と投資に力を入れてもいいでしょう。

極端に言えば、亡くなるその時までに資産と収支の帳尻が合っていれば問題がない。これくらいの長い目線でとらえることも大切な視点です。

五三歳のテストケース

いくつかテストケースを試算してみましょう。

五三歳、年収五〇〇万円で、現在の貯蓄額が五〇〇万円、退職金の予定がない夫と同い年の妻がいたとします。子どもはすでに独立。公的年金は六五歳から夫が年間一六二万円（月一三万五〇〇〇円）、妻が年間七八万円（月六万五〇〇〇円）を受給できるとします。

この場合、六五歳までは定年延長で仕事を続け、生活費をまかない（収入は同水準維持を想定）、以降は夫婦でひと月あたり二〇万円の年金が受給できるわけですから、生活費を二〇万円以下に抑えられる生活を「現実的に実践」できるのであれば、お金が尽きる可能性は低そうです。現在の貯蓄五〇〇万円は、有事の際に使うものとしてとっておくことができます。「住宅ローンが六五歳で完済する予定になっている」ようであれば、目指せる目標かもしれませんね。

一方で、現在の年収と貯蓄額を鑑みた時に、現在では生活費を三〇万円近く使ってしまっていることも考えられます。

年収五〇〇万円の手取り収入は約三七五万円、ひと月あたり約三一万二五〇〇円です。これまですでに物入りなライフイベントを乗り越えてきたとはいえ、現在の貯蓄額が多くはないことを考えると、ひと月あたりの手取り収入をすべて生活費で使っているサイクルかもしれません。

住宅ローンも、六五歳以降もまだまだ返済が続く予定になっているかもしれませんね。そう考えると、現在三〇万円の生活費を使っている人がいきなり一〇万円減の二〇万円に落とすのは、なかなか至難の業です。

一〇万円の半分の五万円、節約をして、貯蓄に回すことができるとどうでしょうか。この場合、五三歳から六五歳までの一二年間で七二〇万円の貯蓄が加算され、合計一二二〇万円の手元資金を持って、六五歳からセカンドライフに入ることができます。住宅ローンの残高にもよりますが、この資金の一部が完済資金に充てられ、以降住居費が抑えられれば、本当に当初イメージしていた通り、ひと月二〇万円のやりくりも、できるかもしれませんね。

六〇歳のテストケース

現在六〇歳、これまでの年収は五〇〇万円、これからの年収は二〇〇万円、現在の預貯金は八〇〇万円という夫と同い年の妻のケースだとどうなるでしょうか。

公的年金は先の事例同様に夫婦で六五歳から年間二四〇万円、ひと月あたり二〇万円受給できるとします（ちなみにこの試算は、夫の生涯の平均年収が四〇〇万円程度で六〇歳まで働いた場合で想定される金額です。そのため、先の例も今回の例も、六五歳まで働くことで実際の受取年金はもう少し増える可能性があります）。

先の五三歳のケース同様に、これまでひと月あたり三〇万円の生活費を使っていて、そのまま変化しなかったとすると、今後は毎年一六〇万円の赤字（これからの年収二〇〇万円から月三〇万円・年間三六〇万円の生活費を支払う）が発生します。

現在の貯蓄八〇〇万円は一六〇万円の赤字のちょうど五年分なので、六〇歳から六五歳の五年間は貯蓄八〇〇万円を切り崩しながらなんとか切り盛りして、六五歳からは公的年金を受給。以降は生活費を月三〇万円から二〇万円に急激に落とすという未来が想像されます。貯蓄もゼロになるため、医療や介護など、有事への対応が少し難しくなりそうですね。

ここでも、同じように、六〇歳から六五歳の間の生活費を五万円だけ削減した場合、どうなるでしょうか。五年間の年間赤字額は一〇〇万円に抑えられ、六五歳時点での貯蓄額はゼロではなく三〇〇万円を残せる可能性が生まれます。

六五歳時点での生活改善も、生活費月三〇万円を急に二〇万円に落とすのではなく、六〇歳まで三〇万円だった生活を六〇歳から六五歳までで二五万円に、六五歳以降は二〇万円にと段階的に節約トレーニングをしながら落としていくことにもなっています。

加えて妻が年間一〇〇万円や五〇万円でもパートなどで働くことができれば、五年間で備えを二五〇万～五〇〇万円上乗せできる可能性もあり、ぐっとラクになりそうですね。


このように、収入を得る期間の長さや、節約できる金額（一〇万円は無理でも五万円ならどうか等）、現在手持ちの貯蓄（今回は五〇〇万円や八〇〇万円で試算しましたが、まったくゼロや、もっと多かった場合はどうか）など、小さなパラメータ一つ一つの組み合わせで、資金がどのくらいもつのか、という試算結果が大きく変わります。

そのため、一見、小さな取り組みに見えることでも、自分の得意なことから取り組んで組み合わせて、総合力で勝っていくという視点も非常に重要になってきます。

図表１　ライフプランニングシート

53歳のテストケースとチェックポイント
※（　）内は53歳から65歳まで月５万円節約できた場合

（単位：万円）

		53歳	…	65歳	…
収入	手取り年収	375	…		
	貯蓄	500			
	公的年金			240	…
支出	生活費	375（315）	…	240	…
	住宅ローン				
合計		500（560）	…	500（1220）	…

収入は維持できる？

生活費を　月30万円→20万円　本当に減らせる？
改善案：月30万円→月25万円→月20万円と段階的なら減らせるかも？

住宅ローン
完済予定？

60歳のテストケースとチェックポイント
※（　）内は60歳から65歳まで月５万円節約できた場合

（単位：万円）

		59歳	60歳	…	65歳	…
収入	手取り年収	375	200	…		
	貯蓄	800				
	公的年金				240	…
支出	生活費	375	360（300）	…	240	…
合計		800	640（700）	…	0（300）	…

個人年金保険など
既にしている貯蓄
忘れてない？

60歳から65歳までの節約で老後資金を作る！
改善案：妻がパートに出るなどの対応はとれるか？

一つだけの解決策を目指すのではなく、総合力で勝っていく。コツさえつかめば「老後資金」の呪縛から解放され、勝手にお金が回っていきます。老後になってもお金に振り回される人生は、大変です。だったら自分がお金をコントロールする方法をつかめばいいのです。

第一章

「自分仕様」の資産運用を見つけるために

1　資産運用のための準備　家計がわかれば運用も簡単に！

老後資金を考える上で、多くの方が見落としがちだと思う部分があります。それが家計管理、つまり、どれだけの収入と支出があるのかをしっかり把握することです。

老後資金として大きな割合を占める、退職金や公的年金。いつから、そしていくらぐらいもらえるのか、おわかりでしょうか。私がアドバイスさせていただいた人の中には、「退職金で住宅ローンを返済するんだ」とおっしゃっていた方が、退職金額やローンの残高を把握していないこともありました。「ねんきんネット」を定期的に見て自分がもらえる年金額を把握している方も、ほとんどいらっしゃいません。そして、支出を把握していない、見積もりをしたことがない方も多いのです。

人間は生きているだけで意外にお金がかかっています。雑誌やテレビなどの「節約テクで食費、月三万円！」といった情報を鵜呑《うの》みにし、そもそも今、どれくらいの食費で生活を回しているのかを考慮せず、食費三万円で生活できると思ってしまう。総務省の全国家計構造調査を見ると、無職高齢世帯の月の平均食費額は七万円前後です。仕事をやめて時間ができれば、友人やご家族と外食をする機会も増えるかもしれない。食べる楽しみをどこまで削ることができるのか、限界に挑戦するのではなく、現実的な金額を考えなくてはいけません。食事を生きがいの一つに数えられる方もいて、意外とお金がかかります。一言で、「食費を月三万円にする」と言っても、平均値から四万円も減らさなければならないわけですから、難易度は非常に高いのです。

その他にも老後になれば、介護費用、家のリフォーム費用など、想定していなかったお金が必要になる場合もあります。医療費が毎月、一万円や二万円ほどかかる場合もよくあります。収入を得る手段が限られている老後では大きな出費です。

資産形成のために「稼ぐ」こと、「投資」することに関心を抱く方は非常に多いのですが、家計管理にはあまり興味を抱かない方が多いです。しかし、お金の「入り」と「出」を理解していなければ、今、いくら収入があっても、いつまで資産が残るのか、自分が具体的にどういう生活を過ごすことができるのかさえも、想定することができません。

逆に言えば、家計管理がしっかりできていれば、生活費を把握しやすくなりますし、余った資金を貯蓄や投資など運用に回すことも考えやすくなります。

2 家計管理の三つの考え方

家計管理は「短期」「中期」「長期」、三つの視点で見ることが大切です。

「短期」は、たとえば家計簿をつける、その日のレシートを管理するなど、その日にいくら使ったか、その月にいくら使ったか、直近の支出を管理するための視点です。

「中期」は、我が家の資産がいったいいくらあるのか知るための視点です。一番短い期間で一ヵ月、先月と比べ、資産がいくら増えているのか、あるいは減っているのか見ていく。長い期間だと半年とか一年単位で見るといいでしょう。

そして「長期」は、一〇年、二〇年スパンでの生活の方針を「ライフプランニングシート」を作成して把握する視点です。年金はいくら受給できるのか、貯蓄はいくらか、何歳で働くのをやめるか、月の生活費はいくらかかり、資産は年間いくら切り崩せるのかといった数字を整理していきます。

短期、中期、長期の視点の中でも、誰もがやるべきなのが、中期の家計管理です。我が家にいったいいくらお金があるのか、銀行通帳など身近な物で確認できるので、興味をもちやすいと思います。また、毎日いくら使っているのか、短期のようにレシートを逐一見て細かい数字を追う必要はないので、ハードルが低いです。

中期で見たとき、資産が増えていない、あるいは減っている、増えかたが遅いといったほころびや問題が見つかった場合に、「支出の管理」に下りていきましょう。何年もかけて、毎日、毎日、家計簿をつける必要はありません。一週間か一ヵ月ほど集中的に家計簿をつけ、どこに無駄なお金を使っているのかパターンを見つける。そして、それを中期の家計管理に生かしましょう。

次に、長期の視点で考えてみましょう。中期の家計管理では問題はなさそうに見えるけれど、なんとなく不安を感じる、あるいは、今後の方針をどう立てればいいのか悩ましい、といった人は、**ライフプランニングシート**の作成が有効です。たとえば六五歳で引退した後の生活を想像して、得られるお金、かかる費用を整理する。退職金や公的年金、貯蓄など準備できるお金はいくらあるのか、月の生活費はいくらかかり、その生活が何年続けられるのか、これらを整理し、簡単なライフプランニングシートにまとめてみましょう（P21参照）。生活費の見積もりが難しい場合は、老後の生活費は現役時代の七割程度といった目安も参考にしてみてください。

家計を守る大切な三つの要素。「稼ぐ」「節約」「運用」ですが、ライフプランニングシートに組み込むと、それぞれの要素の効果を感じられます。今より三要素すべてをちょっとよくするだけ、あるいは、二要素を集中して改善させる、といった組み合わせを考えて、ライフプランニングシートに組み込むだけでも資産を維持できる期間が劇的に延長されます。

3　出ていくお金

「いくら必要なのか？」にとらわれない

ところで、老後、どういったお金が必要なのでしょうか。

老後の支出として考えられるのは住居費、食費、交際費、医療費、介護費などさまざまです。現役時代に企業に勤めていた方が見落としがちなものとしては、国民健康保険料や介護保険料などの「社会保険料」、「税金」などもあります。

先ほど少し触れたように、一般的に老後は現役時の七割程度の生活費になるというデータもあります。ですが、実際には、誰もが放っておいても生活費が下がるというわけではありません。支出の内容を理解して、場合によってはやりくりも必要です。今の生活と老後の生活で変化する部分を見つけておくことが重要です。

子どもが巣立ち、教育費は下がるかもしれません。またローンの支払いが終わっていれば、住居費も下がります。このため、老後は何もしなくても支出が減ると考えている方も多いようです。とはいえ光熱費や食費は現役時代とさほど変わりはありません。医療費は現役時代よりも増える場合が多いもの。それに、交際費などは、仕事をやめて時間ができた分、現役時代よりかさむ可能性も高いのです。現役時代に月に五〇万円や六〇万円で生活していた家庭がいきなり一〇万円に生活費を落とすことは難しいと考えるべきでしょう。

老後資金が足りるかどうか、不安に思われている方からの質問で多いのは、「具体的にいくら必要なのか教えてほしい」というものです。正直に言えば、必要なお金は個々人によって異なりますので、はっきりとした答えはありません。

たとえば自分やパートナーに介護が必要になった場合に備えて施設入居のためのお金を残しておくのか、施設に入るにしても、どの程度のグレードの施設に入居したいのかで、必要なお金は変わってきます。お子さんが支援してくれる、という場合もあるかもしれません。何歳まで生きるのかという、予測できない要素でも、必要なお金は変わってしまいます。

とはいえ、退職して、いきなりまとまったお金が必要になるわけではありません。繰り返しになりますが、たとえば一〇〇歳まで生きるのであれば、一〇〇歳まで貯蓄が底を突かなければ、生活を守ることはできます。大切なのは、幸せな老後生活を送るために、どこにお金をかけるべきか、そして現在の資産はいくらあるのかをしっかりと把握し、減らせるところはしっかりと減らす。そして必要なところにはお金をかけられる状況をつくることではないでしょうか。

変動費の削減は難しい、固定費を見直すべき

支出を減らす上で重要な視点の一つが、「変動費」ではなく「固定費」を減らすことです。食費、交際費、被服費などが変動費にあたります。変動費はその時々によって、使う金額が変わってしまうことが多い項目のことを指します。高齢になれば、ご夫婦どちらかが入院してしまった場合、看病したあとに自炊をする時間がなかったので外食になってしまった、といった不可抗力で月の支出が大きく変わってしまうケースがあります。

また、友人との会食、着心地のよい部屋着、目新しい雑貨やガジェットなど、買うと嬉しくなるような品物や体験も「変動」しやすい費目です。変動費とは、金額が変わる費目を指すことが一般的な定義ですが、気持ちが「変動」するものが該当することも多いです。そう考えてみると、無理に節約するのはストレスが大きく、あまり現実的ではありません。

それに対して固定費は一度見直すと自動的に削減が続きます。たとえば住居費。住宅ローンが残るようなら、退職金などまとまったお金が入った時に払いきってしまうことも手です。URや特定優良賃貸住宅、シルバーピア住戸への住み替えなど、家賃や初期費を抑えられる選択肢を視野に入れるなどの方法もあります。

携帯電話を格安ＳＩＭや大手キャリアの新料金プランに乗り換える、年会費のかかるクレジ

ットカードを解約することでも、削減効果が期待できます。

退職した後は、新しくクレジットカードが作りづらいので、とりあえず現役時代に使っていたクレジットカードを残している方も多いのですが、老後の支出を考えたときに一万円や三万円など、高い年会費のカードを残す必要があるのかは、一考の余地があるでしょう。グレードの高いクレジットカードは、たくさん海外旅行に行くなど消費が旺盛な場合に有利なことが多いです。現役時代より消費が落ちる老後にも変わらず有利なのか考えてみましょう。

年会費無料でも還元率の高いカードはあります。年会費の高いカードから年会費無料で還元率の高いカードに乗り換えるのも悪くありません。固定費をクレジットカード払いにして、ポイントを得ることも有効な固定費削減術です。

固定費といえば、自家用車の維持費もかさみがちです。本当に所有し続ける必要があるのか、検討するべきでしょう。駐車場代や車検代、税金、保険料などは、収入が減っている家計では大きな負担となります。車のグレードを落とすことも選択肢に入れてみましょう。

郊外に住んでいる、最寄りのスーパーに行くのに車で一五分かかるなど、車が欠かせない生活をしている場合は別ですが、都会に住んでいて、ちょっとした移動に車を使っているのであれば、車を手放し、分単位で車をレンタルできる、カーシェアサービスを利用してみるのもありです。

あるいは、移動手段をタクシーに変えることも一考の余地があります。維持費、車体代、駐車場代、ガソリン代、もろもろのお金が年間一〇〇万円、月々八万円程度かかるのであれば、一週間に二万円分、タクシーを使える計算になります。プロのドライバーに運転してもらえることを考えたら、タクシー生活も悪くはなさそうです。

大切なのはパートナーへの敬意

そして、忘れがちですが、家計支出を見直す上で、これまで家計を管理してきたパートナーへの敬意を忘れないことも大切です。セミナー後のご相談タイムなどでは、五〇～六〇代の女性から「夫がお金の管理をまったくしてくれない」という不満をよく聞きます。

たしかに、仕事に邁進《まいしん》し、家のお金のことにはまったく関知しない男性は少なくないようです。引退されたあともまったく関心を寄せず、現役時代と同じようにお金を使い続ける方も多いです。

また逆に、定年して時間ができたことで、家計管理の楽しさや、改善できる箇所に気がつくと、思ったよりも資金が少ない現状に直面して、突如家計管理に目覚める方もいらっしゃいます。とくに現役の時、管理職などの職責にあって、収入も多かった方が仕事で培ったノウハウを生かして、固定費の見直しに目覚めてシビアに削ったり、ＦＰでも真似ができないような細かい家計簿のつけ方をしたりすることがあります。

スキルを提供することで円滑に家計改善ができればいいのですが、「お前の管理の仕方が悪い」と妻を責める男性もいるようです。家計管理を長年続けて、やりくりしてきた労に報いず、関係が破綻してしまうと元も子もありません。互いの年金収入で支え合えば問題がなかった老後の家計も、熟年離婚をしてしまうと、やりくりが厳しくなるケースもあります。パートナーに感謝を示すことは、老後マネーの運用においても、重要なことなのです。

4　入るお金はどれくらいあるか

年金額を確認する

さて、支出とともに大事なのが、老後生活の中でいったいいくらのお金が入ってくるのかを知ることです。

老後資金の柱となるのが退職金と公的年金。それぞれの確認の仕方を見ていきましょう。

退職金の目安はお勤めの企業の人事・総務などの担当者に確認ができます。また、社員向けの福利厚生にまつわる冊子や社内のポータルサイトに計算方法などの情報があることが多く、これらをチェックすることでも確認できます。

公的年金は、日本年金機構から送られてくる「ねんきん定期便」を活用するほか、専用のサイトで確認する方法もあります。「ねんきん定期便」は誕生月に日本年金機構から、納付実績や実績に応じた受給額を確認するために送られてきます。五〇歳以上になると、実際に受給できる見込額が記載されるようになります。また、ねんきん定期便に記載されたアクセスキー（有効期限はねんきん定期便到着後三ヵ月）を利用するか、日本年金機構の公式ホームページで登録することで利用できる「ねんきんネット」でも確認ができます。ねんきんネットでは五〇歳未満の方も将来の目安額の試算ができますし、誕生月以外でもいつでも確認できて便利です。まずはいくらもらえそうなのか確認しましょう。

見落としがちな退職金への課税

もらい方も大切です。退職金の場合から見ていきましょう。

気にしていない方も多いですが、退職金には税金がかかります。もらい方によってはもらえる額を大きく減らしてしまう可能性もあるのです。退職金のもらい方には一時金でもらう方法と、分割して年金方式でもらう方法の二つがあります。それぞれ税金の計算方法が異なりますが、一般的には、一時金でもらうほうが税金の計算上有利なことが多いです。

退職金は一時金でもらう場合、「退職所得控除」と呼ばれる控除が使えます。退職金額が控除額の範囲内であれば税金はかかりません。

退職所得控除額は次のように計算します。

- **勤続年数二〇年以下の場合は四〇万円×年数（八〇万円未満の場合は八〇万円）**
- **勤続年数二〇年超の場合は八〇〇万円＋七〇万円×（年数－二〇）**

勤続年数が四三年とすると、八〇〇万円＋七〇万円×（四三－二〇）＝二四一〇万円が控除されます。勤続二〇年までは毎年四〇万円、二〇年を超えると毎年七〇万円と、勤続年数が二〇年を超えると、控除額が増える傾斜が上がる計算式になっているわけです。

退職日によって控除額が大きく変わる場合もあります。勤続年数は一年に満たない端数を切り上げて数えるため、一年と一日でも二年勤めたものとして数えます。退職日を誕生日や年度末など選択できる企業にお勤めで、退職日を遅らせれば退職所得控除上の勤続年数が一年延びる場合、退職日をずらすことで、さらにお得に退職金がもらえる可能性もあります。

後述しますが、退職金の金額によってはすべてを一括でもらうことが良いとは言えない場合もあります。先の例で退職金の額が二五〇〇万円など、退職所得控除額を超える場合、超えた部分は年金方式でもらうと、お得になる可能性もあります。

年金方式で退職金をもらう

年金方式でもらう場合は、老齢年金など公的年金と合わせて税金を計算します。

六五歳以上で年金以外の所得が年間一〇〇〇万円以下の場合、年間で一一〇万円などが公的年金等控除として所得から控除されます。

自分が受け取る公的年金額と退職金を年金方式でもらえる部分の合計が一一〇万円以下だと、控除額の範囲内なので、税金はかかりません。

ただし、一時金で受け取る退職金は、退職所得控除額を差し引いた額の半分が課税対象となります。先ほどのケースで、退職金二五〇〇万円、退職所得控除額二四一〇万円の場合、四五万円（二五〇〇万円－二四一〇万円＝九〇万円を二で割ります）が課税対象の所得です。退職所得控除の額を多少超えても一時金で受け取るほうが有利な場合もあります。

税金については、やはり税理士に相談するのがよいでしょう。

税理士に馴染みがない方でも、各地の日本税理士会連合会では電話や対面の無料相談を実施していて、利用できる場合があります。また、住所を管轄する税務署に相談するのもおすすめです。税を徴収する立場にあるからとためらう人も多いようですが、親身になって教えてくれる場合も多いです。納得するまで確認してみるといいでしょう。

公的年金は「保険を買っている」という感覚で

公的年金のもらい方も見ていきましょう。大切なのは、そもそも公的年金がどういう性格のものなのかを理解することです。

公的年金は自分の財力以上に長生きをしたときのための「保険」だととらえるのが良いでし

ょう。自助努力が自らを助ける要になると説明しましたが、極端な話、一五〇歳まで生きるとした場合、資産を自力で全部用意するのは現実的ではありません。ですが日本では公的年金制度によって、一定の金額を亡くなるまで（終身）もらうことが保障されているわけです。

たしかに、もらえる金額が目減りしている、受給できる年齢が上がってしまうかもしれない、といったネガティブな側面はあります。ですが、死ぬまで受給し続けられるという年金の仕組みは、忘れてはいけない大きなメリットなのです。

みんなで保険料や税金を負担し合って、長く生きた人には終身で給付し、早く亡くなった方は多くは受給できないという「保険」では、本来、損得を気にするべきではありません。一五〇歳まで生きるなど、自分の手に負えない事態でも保障をされるという、「保険を買っている」という視点が重要です。

とはいえ、やはり損得が気になって、自分が払った保険料が返ってこないのではないかと心配する声も多いですね。そこで、本当にそうなのか考えてみましょう。

二〇二一年度の基準で言えば、生涯の平均月収が二〇万円だった人の場合、自分で負担する厚生年金保険料は月額一万八三〇〇円。二二歳から六〇歳までの三八年間支払えば、合計で約八三四万円支払うことになります。この人が受給できる年金額は年約一二四万円。約七年弱、老齢年金をもらうだけで回収できます。収入が違っても会社勤めの方はおおむね同じような計算になります。

意外と払い損にはならないケースも多そうです。

長生きリスクにも備えることができ、もらえる年金額も増やせる、つまり公的年金制度の恩恵を最大限受けるにはどのような年金のもらい方がいいのでしょうか。私は、預貯金や金融資産など自分の資産で賄えている間は公的年金を受け取らず、繰り下げてもらう選択肢がベターだと考えています。

受け取る時期を後ろにずらすことには金銭的なメリットもあります。

年金受給を六五歳より後ろ倒しにすると一ヵ月あたり〇・七パーセントもらえる金額が増加し、七〇歳まで繰り下げると四二パーセント加算されます。二〇二二年四月以降に七〇歳になる人は、繰り下げ受給による受給開始年齢が七五歳まで拡大されます。七五歳まで繰り下げると増額される割合は八四パーセント、つまり倍近くもらえる年金が増えることになります。

ちなみに、受け取る時期を六〇歳まで前倒しできる繰り上げ受給という方法もあり、こちらの場合、前倒しした期間一ヵ月あたり〇・五パーセント（二〇二二年四月以降は〇・四パーセント）減額されます。

繰り下げ繰り上げを表現する格言に「繰り下げて後悔するのはあの世、繰り上げて後悔するのはこの世」という言葉があります。繰り下げ受給をして、月あたりの受給額が増えても、早くに亡くなってしまうと、受給の総額が結果的に少なくなります。しかし、それで後悔することになるのはあの世での話です。痛みを感じないかもしれません。逆に繰り上げ受給をして早めに受け取った場合、早くから受け取れるため、もしかしたら累計額は大きくなるかもしれませんが、月あたりの受給額は減額されます。そのため、生きている間（この世）、減額された金額に後悔しながら受給を続けることになる可能性があるのです。

「もらい忘れ」に要注意

年金は自動的に給付されるわけではなく、受給申請が必要です。受給開始年齢である六五歳になる誕生日の三ヵ月前に、日本年金機構から「年金請求書」が送られてきます。請求書に必要事項を記入し、年金手帳または基礎年金番号通知書、年金証書、戸籍謄本、金融機関の預貯金通帳やキャッシュカード、本人確認書類など、必要書類を持参し、最寄りの年金事務所や街角の年金相談センターで手続きをしましょう。

年金を繰り下げる場合は、六五歳到達時には受給開始の手続きをせず、六六歳になったら「老齢基礎年金・老齢厚生年金支給繰下げ請求書」を提出します。そして、年金を受け取りたい年齢になった時に、年金請求の手続きをしましょう。

年金は受給の権利が発生してから五年を経過すると時効により権利が消滅します。年金の受給開始可能年齢が七五歳まで拡大されるにあたって、七〇歳以降に年金請求する場合、五年前に繰り下げの申し出があったものとして支給される仕組みになりますが、繰り下げの手続きを正しく行っていないと、十分な増額が受けられない可能性があります。

七五歳まで繰り下げるつもりであっても、六六歳から七〇歳の間に一度、繰り下げの請求など、適切な手続きをとるほうがいいですね。判断がつかない場合は、街角の年金相談センターなどに問い合わせるようにしましょう。

また、昭和三六年四月一日以前に生まれた男性、昭和四一年四月一日以前に生まれた女性は、六五歳より前に特別支給の老齢厚生年金（報酬比例部分）が受給できる場合があります。こちらも時効で消滅しないよう、権利発生のタイミングで適切な手続きを行うようにしましょう。

なお、すでに遺族年金や障害年金を受け取っている場合は繰り下げ受給ができませんので、こちらにも注意してください。

年金、退職金、ともに制度を正しく理解して、少しでも有利に受け取れるといいですね。もしかしたら、現役時代の今の感性だと、数千円、数万円の違いはたいした問題ではないと思う方もいるかもしれません。しかし、老後生活の主な資金は年金、退職金、現役時代に貯めた貯蓄に限られます。少しの差でも年数が経った時に、大きな影響をもたらす可能性があるのです。

日本では多くの場合、こういった知識は自ら知りに行かなければ得られません。また、公的な制度は多くの場合「申請主義」です。つまり、公的機関の窓口に自ら足を運び、申請することが前提となっています。年金も正しい手続きを踏んで、申請しなければ受給できません。うっかりしていると、もらい忘れてしまうかもしれないのです。

コロナ禍では、営業自粛を余儀なくされる、職を失うといった、困窮した人向けに、給付金や支援金、税の減免措置など支援策が講じられました。これらの支援も、制度があることを知り、かつ正しく申請できなければ受けることができません。正しくできるかできないかで、明暗が分かれる場面もありました。コロナ禍を乗りきれず、廃業に追い込まれるような残念なケースもあったでしょう。

いつ、何が起こるかは誰にもわかりません。もしもの時に備えるためにも、正しい知識を得ることや、こんな時には何か利用できる制度があるかもしれない、と調べてみる感覚は大切なのです。

働き続けることのメリット

年金、退職金以外に、定年後の再雇用や別の企業で働くことも老後資金を準備する上では重要な選択肢の一つです。定年を過ぎても働かなくてはいけないのか……とどんよりしている方もいるかもしれません。ここでも、定年後に働く際に考えておくべき点はいくつかあります。

まず、必ずしも、現役時代に仕事で培った経験を生かせるとは限りません。「起業してセカンドライフを」とメディアに取り上げられることもあるからか、起業を検討される方もいます。しかし、事業でお金を稼ぐのは、最初の一円がまず大変とも言われるほど、実態はかなりシビアです。

現役時代一〇〇〇万円プレイヤーだった方が、年収二〇〇万円以下でアルバイトとして働いているケースもいたって一般的です。もちろん、まったく違う業種で働いてうまくいっている方もいらっしゃいますし、年収が下がってもいきいきと働いている方も少なくありません。

こう説明すると、現役時代の収入が数分の一になっても働く必要があるのかと思われる方もいます。しかし、キャッシュフローを考えた時に、働き続けることはかなり有利となります。

働けば、その分節約など、生活費を切り詰める必要性が低くなります。年収が下がっても、労働時間も会社員時代からは減り、体力的な負担も小さい場合もあります。現役時代より、家族との時間が取れるかもしれません。また、年間だと少なく見えても、続けることで大きな金額を得ることができます。年収二〇〇万円も五年続けると一〇〇〇万円。一〇〇〇万円を貯めるのは大変ですが、五年かけて得ると考えてみれば、比較的取り組みやすい場合も多いのではないでしょうか。

現在、長寿化は進んでいるものの、退職金や公的年金は減少傾向にあります。一方で、二〇二一年四月からは、いわゆる七〇歳就業確保法が施行されるなど、高齢者の働き口を徐々に増やす傾向にあります。寿命が伸びているということは、長く働ける可能性も高めています。長くなる老後を貯蓄や公的年金だけで賄うのではなく、少しでも長く働くことを視野に入れることが大切です。

家計管理・支出管理においては長年家計をやりくりしてきた妻などに感謝を伝えることが大切だとお話ししましたが、この点においても、年収が下がったとしても働き続けることの効果は絶大です。この効果の大きさをぜひ夫婦で共有し、長く働くパートナーとして、お互いを、大いに労《ねぎら》うことが大切です。

5　結局いくら必要なのか

二〇一九年に、夫六五歳以上、妻六〇歳以上の無職世帯では、その後三〇年生きると仮定すれば「老後資金が約二〇〇〇万円赤字になるのではないか」という試算が金融庁のレポートにあり、注目を集めました。実際には、老後にどのくらいのお金が必要になるのでしょうか。先ほどそれはケースバイケースだと言いましたが、ここは概算だけでも示しておきましょう。

まずは老後、毎月三〇万円を支出した場合、どうなるでしょうか。

七〇歳で仕事をやめ、そこから九〇歳まで二〇年間生きるとすると、合計で七二〇〇万円となります。これが四〇万円の場合は、九六〇〇万円です。

こんなおカネを蓄えておくことは、多くの方にとって現実的ではありません。大切なのは考え方です。七二〇〇万円や九六〇〇万円というお金は、定年退職した時、いきなり必要になるわけではありません。年数が積み重なり、最終的にかかる金額です。また、まったくないところから準備するわけでもないのです。

老後に自分が使うお金を概算し、そこから自身の貯蓄、退職金や公的年金の収入などを加えた金額を引いて、それでも足りない部分を把握すること。それをいかに賄うかが、ポイントになってきます。

大まかな数字は事前に計算が可能です。五〇代になると将来いくらぐらいの年金がもらえるのか、おおよその目安がわかるのです。月にかかりそうなお金と年金額にどれくらいの差があるのか。

年金受給開始から二〇年、三〇年生きると仮定したなら、その差額がいくらになるのか確認しましょう。厳密な**ライフプランニングシート**まで作らなくても数字を整理して状況を把握していく（P21参照）。こうして、月の生活費で減らすべき金額が明らかになり、それでも足りない分は、働けるうちに働いて賄うという見通しが立つのです。

6　取り崩し方

お金の価値を維持しながら未来のリスクに備える

老後のお金の取り崩し方を考える前に大切なのが、どのくらいの期間、老後資金の準備に充てられるかを知ることです。

日本人の健康寿命は、男性で七二・一四歳、女性で七四・七九歳（令和二年版厚生労働白書）です。健康寿命が迫ってくる七〇歳以降が老後の一つの目安と言えます。つまり、いま五〇歳なら、二〇年ほど準備期間ができるわけです。

そして、一〇年後二〇年後にかかるであろうお金の額を予想して、**ライフプランニングシート**を作ります。トータルで必要な金額はいくらか、退職金や公的年金など、もらえることがわかっているお金とどのくらいの差があるのかを確認してください。そして、二〇年の準備期間の間に、どのくらい貯蓄額を増やせるのかを改めて予測してみましょう。

退職金、公的年金、現在の貯蓄で足りない部分は、取り組みやすい方法で補いましょう。

六〇歳定年退職後から七〇歳までの一〇年間も働き貯蓄に充てる、住居費や携帯の利用料金など固定費を減らして、その分を老後資金に回すなどのやり方が考えられます。

　また貯蓄や退職金の中でも、すぐに使わないもの、余裕がある部分に関しては、資産運用に充てるのも手です。後の章でくわしく解説しますが、現預金は経済や社会情勢の変化によって価値が変わる、場合によっては目減りしてしまう可能性もあります。資産を現預金だけで保有していると、このリスクには対抗できません。

　すぐに必要なお金は別途用意する必要がありますが、一〇年後、二〇年後に生活費として使う予定の資産は価値を維持するために投資に回すことも、老後の生活を守るためには一つの選択肢となります。

　運用する際は投資信託など長期で分散して投資しやすい商品を選ぶのがよいでしょう。効率的に投資したいのであれば、ＮＩＳＡ《ニーサ》やｉＤｅＣｏ《イデコ》など税制優遇口座を使うのがおすすめです。

九〇歳まで帳尻が合えばなんとかなる

　さて、こうして準備した資産をどのように崩していくべきでしょうか。

　二〇二〇年に総務省が発表した統計によれば、九〇歳以上の高齢者人口は二四四万人（統計から見た我が国の高齢者）。九〇歳以上の人口は今後も増えることが予想されます。二〇年後、三〇年後には九〇歳まで生きることが一般的になっているかもしれません。仮に九〇歳まで生きるとすると、七〇歳で引退した場合、老後生活は二〇年。この期間で準備したお金を取り崩していくことになります。

七〇歳以降どのような出費が増えるか考えてみましょう。医療費、介護費はもちろんのこと、家のリフォーム代もかかるかもしれませんね。こうしたお金は、生活習慣病にかかるお金のように、毎月一定額かかるものもあれば、緊急の手術のように、ある日突然必要になるものもあるでしょう。さまざまな可能性を想定して、計画を立てて取り崩していく必要がありま す。

計画を立てる上で助けになるのが、先ほど説明した**ライフプランニングシート**です。完璧な予測はできなくとも、自分かパートナーが介護を必要とする状態になったらいくらくらいかかるのか、毎月の医療費はいくらか、その生活を何年続けるのか、大まかな仮説を複数パターン立ててみましょう。

七五歳で介護が必要になった場合、八〇歳で脳梗塞を起こして介護が必要になった場合など、いくつかシミュレーションしてみましょう。将来予測されるリスクを客観的に把握できます。

ただし、なんとかしてお金を工面しなければと、気負いすぎる必要はありません。また、**完**

璧なライフプランニングシートを作る必要もありません。

自分の将来について、**複数のストーリーを描き、仮にこうなったらこう対応しよう、こうだったらこうしよう、と複数の手立てを想像・想定しておくことが重要**なのです。そして、九〇歳まで帳尻が合えば問題ない、くらいの心構えでいるのがよいでしょう。

いくら想像・想定していても、予想外のことは起こりえるので、手立てを知り、選択肢の幅を広げておくことが大切です。九〇歳以降生きることがあっても安心してください。日本にはさまざまな公的扶助があります。生きている間は年金だって受け取れます。どこかのタイミングまでに莫大な財産を築くのではなく、最後までの帳尻が合うのか、という視点で今後の生活をシミュレーションしてみましょう。

第二章　老後資産運用の基礎知識

さて、ここまでは、老後のお金との向き合い方について、自分が亡くなるまでに資金がゼロになることさえなければいい、とお話ししてきました。

とはいえ、働く機会を増やしたり節約して現預金を増やしたり、年金や退職金のもらい方を工夫して、受け取る額を増やす、といった方策だけでは、不測の事態に備えることができるのか不安に思う方もいるのではないでしょうか。

あるいは、現預金だけで保有していても、世の中の状況が変わり、物価や景気が変化する中で、自分の資産の「価値」を維持するためには、なんらかの対策が必要かもしれません。

そこで、選択肢になるのが本書のテーマでもある資産運用です。

まず、具体的な運用方法を説明する前に、必要な心構えとはなんなのか、一緒に考えていきましょう。

1　お金の管理も立派な資産運用です

現預金を守る

資産運用、と聞くと何を思い浮かべるでしょうか。

これはFPとして、多くの方からご相談を受けることでもありますし、セミナーを依頼される際にテーマになることも多いキーワードです。一般的には、資産運用をするといった場合には株式や投資信託などを運用すること、つまり投資をするものだ、と考えられることが多いです。

もちろん、大きな意味では投資も資産運用の一つです。ですが、見逃されがちな点があります。

それは、計画的に貯蓄をして現預金を増やすこと、また、増えた現預金をどこの銀行口座に預けるのかなど、適切な保管方法を検討することもまた、立派な資産運用だということです。

適切な節約をして、収入額の一部を貯蓄に回し、現預金を増やす。支出の波を知り、現預金を減らさないように努める。そうして残した現預金を、預貯金なのか、投資なのか、適切な保管方法を考えて資産運用で守っていく。このことも、老後生活を幸せにすごすために重要な視点です。

支出のルーティンをつかむ

まずは貯蓄を考える上で必要な点を解説していきます。

自分がいつ、どんな時に、どんなものに、お金を使ってしまいやすいのか、つまり、支出の特徴を知ることができると、貯蓄につながりやすいです。支出の特徴を把握する際に理想的なのは、毎日家計簿をつけることです。

その日使った額の明細をレシートで確認したり、通帳をこまめに確認したりして、日々の支出を一つ一つ洗い出す。そして自分が何にお金を使いやすい癖があるのかを確認する。たとえばスーパーでついレジの横にあるお菓子を買ってしまうとか、不本意な支出をしていないかどうかを見ていくのです。

しかし、家計簿をつける作業は、実際には非常に大変です。苦手な人にとってはストレスのたまる作業でもあり、マメでそういう作業が好きな方でないと継続するのは難しいでしょう。

家計管理の説明の時にもお話ししたように、大切なのは、大まかな自分のお金の出入りの流

図表２　消費支出の変動

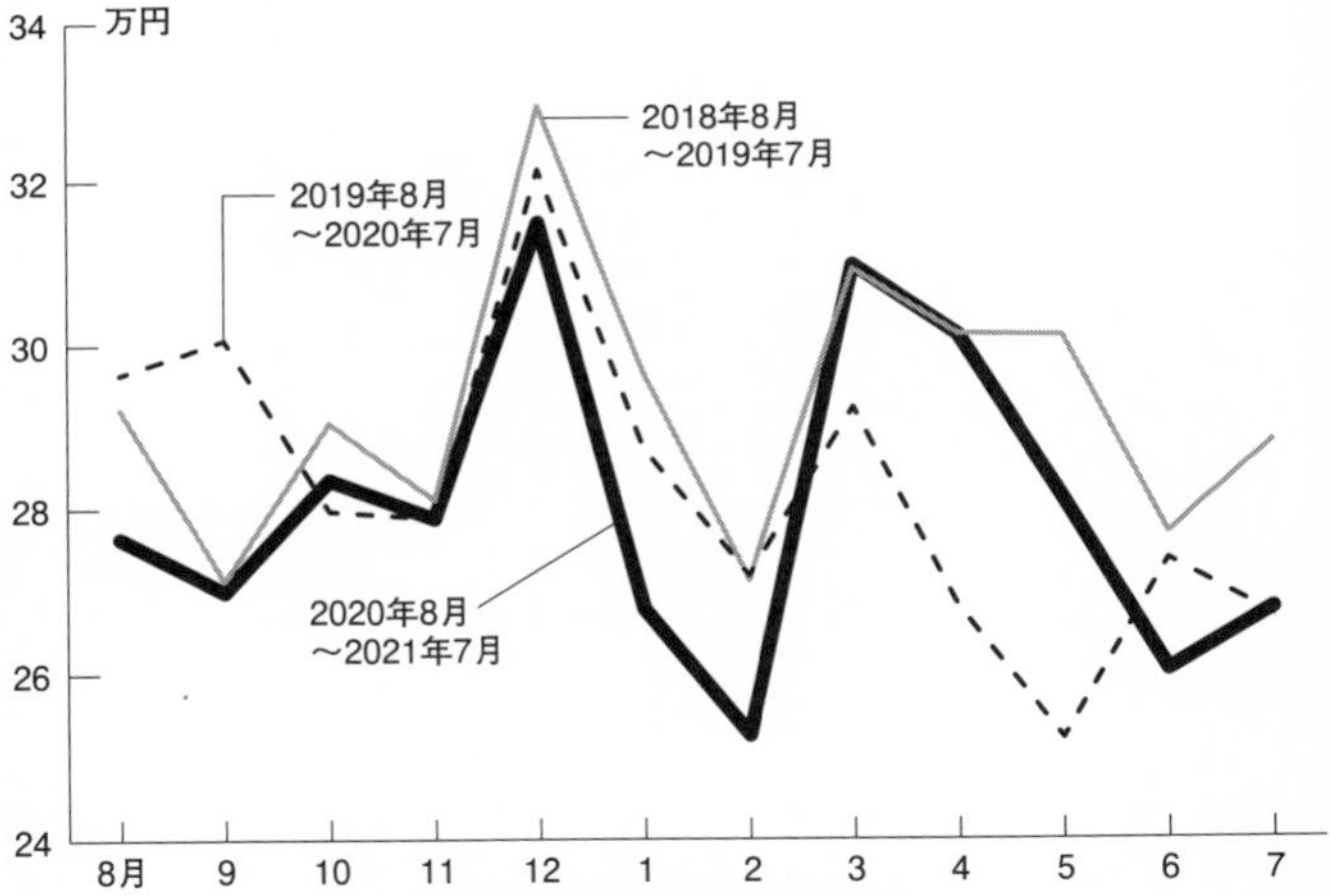

総務省「家計調査」をもとに作成

※おおよそ年度変わりの３月や年変わりの12月に出費がかさんでいる傾向がわかります。

れを知ることです。いつどれくらい支出が増えるのか、そして支出が抑えられやすい時期はいつなのかを、ざっくりと把握しておけば、メリハリのある対策をとることができます。

　お金の大きな流れをつかむ目安として、総務省が一般家計の消費動向を追ったデータが参考になります。総務省・家計調査のデータを見ると、**支出の波は三月、一二月に集中する**ことが多いです。これは、三月は就職や進学に伴う引っ越し、子どもの入学など、ライフイベントの準備が集中するからだと考えられます。一二月は旅行に帰省、年始の準備などで物入りです。逆に、ライフイベントに関わるものや、大きな行事がほとんどない、二月、**六月は支出が減りやすい**傾向にあります。貯蓄がしやすいチャンスの時期ともいえますね。

人生の「貯め期」は三回

また、人生全体でも、貯蓄をしやすい期間、「貯め期」が三つあると言われています。これは本書の読者にはすでに関係のないお話になる可能性もありますが、ご自身の人生を振り返る意味でも、少々お付き合いください。

一つは就職してから結婚するまでの独身時代。もう一つが結婚してすぐの夫婦共働きで子どもがいないとき。ＤＩＮＫｓ（Ｄｏｕｂｌｅ　Ｉｎｃｏｍｅ　Ｎｏ　Ｋｉｄｓの頭文字をとっている）期と呼ばれることもある時期です。人生前半にやって来る、この二つの大きな貯め期で、毎月の手取りの二〇〜三〇パーセントほどを貯蓄に回すのが、一つの目安になります。月に三〇万円の手取り収入があるのであれば、六万〜九万円を貯めるイメージです。

この後は子育て期に入ります。人によっては子どもを学習塾や習い事に通わせるかもしれません。中学校からは私学に通わせることを検討する方もいるでしょう。その上に、家族の生活費もかかり、さらに出費はかさみます。子どもが大学に通っている時期は家計としてもかなり厳しい時期にあたります。貯蓄は難しいことが多く、手取りの五パーセント程度貯蓄できたら上々と思って、あえて手綱を緩めても良いと思います。ここまでで貯めた貯蓄を減らさなければ問題ない、というくらいの心構えで割り切ることも大切です。

ちなみに、貯蓄が難しい子育て期の中でも比較的貯蓄がしやすい、ミドル貯め期と呼べる時期があります。子どもが小学校から中学校に通っている時期が、強いて言うならミドル貯め期です。ここでは、毎月の手取りの一〇パーセントを目標に貯められれば理想的です。

そして最後の貯め期は、子どもが親元を離れ独立してから、自分が退職するまでの間です。本書の読者の多くが、この三つ目の貯め期に当たっているか、あるいは、この「黄金の時間」を目前に控えているかもしれません。ここで収入の二〇〜三〇パーセント程度貯められると、セカンドライフには大きな光が差し込みます。入ってくるお金の二〇〜三〇パーセントを貯蓄するということは、入ってきたお金の七〇〜八〇パーセントで生活をする習慣のトレーニングにもなります。このことは、老後資金を長持ちさせることに絶大な効果を発揮します。

まずは少額から、とにかくルールを作ってみる

ここまでで説明してきた通り、人生の貯め期は、前半に集中しています。もうすでに終わってしまっていて毎月の手取りの二〇〜三〇パーセントの貯蓄なんてまったくできていない、これからはじめて間に合うのか……そう、思われる方もいるかもしれません。

ですが、このまま何もせずに過ごすより、今、新たな取り組みを行うことで、五年後一〇年後の生活は、ぐっと良いほうに傾きます。

いきなり収入の何割かを貯蓄に回すのが難しい、という方もいるでしょう。その場合は月に五〇〇〇円、一万円でもいいので、まずはハードルを下げて、はじめてみてください。

とにかくルールを決めてしまうということが重要です。子どもが独立して学費などの支出が減った部分は、明らかにわかるように新たな口座に入れておくなどして、貯蓄に振り分ける方法も有効です。生活費の口座と貯蓄の口座を一緒にしておくと、曖昧になって消費に回ってしまいがちです。余裕ができた分をあえてふだんは見えづらい、貯蓄専用の口座によけてしまう仕組み作りが効果的です。

さて、支出の把握のためには、内容の一つ一つを洗い出す家計簿が「理想的」だとお伝えしました。加えて、家計簿を記録する作業はストレスも多く大変であることもお伝えしました。

家計の管理は三つのスパンで

じつは、家計の状況をチェックする方法には大きく三つの目線が存在します。

一つ目は家計簿などで支出を管理する「短期」の目線、二つ目は資産残高の推移をチェックする「中期」の目線、三つ目はライフイベントに応じて手持ちの資金がゼロになることがないかチェックする**ライフプランニングシート**などの「長期」の目線です。

家計簿は日々や、長くても週・月単位での支出をチェックするので、比較的短期間の家計状況をチェックすることになります。資産残高の推移は短くても月単位、通常だと年単位などで見ていくため、中期視点になります。ライフプランニングシートでチェックするのは、五年後、一〇年後に困ることがないかという視点なので、長期目線ですね。

つまり、家計簿以外の目線で大きな問題が発生していなければ、中長期でお金に困らない可能性を見通せることがわかります。誰しもにお勧めしたいのは、**中期の目線でチェックをする、資産残高の推移**です。そういった意味では、家計簿などで管理をする、厳密な「支出」配分よりも、収入の二〇〜三〇パーセントという「貯蓄」割合のほうが、より効果に直結する目標といえます。

日々の家計簿の記帳や、正しい支出配分を考えることに苦しんだ経験がある人は、あらかじめ決めたルールで機械的に貯めていく「貯蓄分」だけを守り、支出の割合については、適宜調整していくという方法が取り組みやすいかもしれません。

収入の四分の一を貯蓄の目安に

貯蓄の目標額はだいたい現役時代の生涯収入の四分の一程度で考えるといいでしょう。似た数字に明治から昭和期に活躍した林学博士の本多静六氏が提案した「四分の一天引き貯金」があります。巨万の富を築いた本多静六氏は、入ってくるお金の四分の一を常に貯蓄に回していたと著書『私の財産告白』（実業之日本社、一九三〇年）の中で語っています。一〇〇年近く前の内容ですが、現代でも十分に適用できる目安の一つです。

現役時代、収入の四分の一を貯蓄に回すとしましょう。すると、残りの四分の三は支出に回せます。引退してから、多くの方は年金生活に入ります。現代の公的年金制度は、その時現役で働いている人の収入の半分程度の給付を一つの目安としています。これに従い公的年金が現役時代の半分、つまり四分の二もらえるとしましょう。すると、貯蓄分を合わせて現役世代の収入の四分の三にあたる数字になります。つまり、収入の四分の一を貯蓄に回せていれば現役時代と同水準の支出ができる計算になるのです。

もちろん、これは話を単純化していて、現役時代に収入が高かった人の受給年金額は半分より少なくなることが多いです。一方で、支出の水準については、現役時代とまったく同じほどは使わない可能性も高いです。満額の収入が入っているときには「腹八分」以下の支出を目指しておくと、今と将来で落差を作らなくて済むということを、ざっくりと理解していただきやすいのではないでしょうか。

最後の貯め期をつかんでしっかりと貯蓄を増やすためには、これまでに説明してきた家計管理のコツを理解し、実践することが重要です。五〇代から始められれば一〇年以上も準備期間がありますから、余裕をもって安心できる老後生活を送れます。

2　資産のほとんどを現金で保有しておくことのリスク

　貯蓄も資産運用の一つであり、老後生活を支える上でしっかり積み上げていく必要があると説明しました。しかし、資産を現預金だけで保有していると、避けられないリスクがあります。

　身近な例を題材に考えてみましょう。

　二〇二一年時点では一〇〇〇円でサンマの缶詰が一〇個買えたとします。五年後の二〇二六年、サンマの缶詰は一〇〇円値上がりし、一個二〇〇円になりました。そうすると、同じ一〇〇〇円でもサンマの缶詰は五個しか買えなくなってしまいます。つまり一〇〇〇円の価値はこの五年でサンマの缶詰一〇個分から五個分に目減りしたことになります。

　最近では明らかな値上げ以外にも、一〇〇円で二〇〇グラム入っていた商品が一五〇グラムになるなど、価格は据え置きにして内容量を減らし実質的な値上げをする、ステルス値上げも多くの商品で行われています。すでに身近な生活の中でもこうした商品の価格変動によるお金の価値の目減りは起こっているのです。

お金に対して物の価値が下がることをデフレーション（デフレ）、お金に対して物の価値が上がることをインフレーション（インフレ）といいます。ちなみに日本では長くデフレが続いている印象がありますが、金融緩和が行われるなど、政策としてはインフレを促す取り組みが続いています。

お金の価値は絶えず変化しています。一〇年、二〇年という長期の目線で見ると、物価が下がり、お金の価値が上がる場合（デフレ）も、物価が上がり、知らないうちに自分のお金の価値が目減りしてしまう可能性（インフレ）もあります。

現預金だけで資産を保有していると、とくに資産価値が目減りしてしまうリスクには対抗することができません。資産の価値を維持する手段の一つが、投資をして、保有している現預金の一部を金融商品に換えて保有することなのです。株式や債券、投資信託のような金融商品は物価や企業の業績・人気に連動するかたちで価格が変動するため、こちらに資産を配分しておくと、現金の価値が目減りしてしまう局面でも、資産の価値をある程度維持できる可能性が生まれます。

3　投資への期待感を下げる

「天井売らず底買わず」の法則

ここまでで説明してきたように、投資の大きな目的は、資産の一部を金融商品のかたちで保有することで、価値が下がるのを防ぐことです。

ですが、投資に対する一般的なイメージは、期待が高すぎることが多いようです。

「投資をすれば簡単に増える」

「資産が倍になる」

「一〇倍になるんでしょう？」

といった印象を持っている人もいるかもしれません。これまで投資をしたことがなくて、これからはじめたい、という方にはとくに多いようです。中にはやみくもに資産を増やそうと、仕組みを理解できない難しい商品に手を出したり、ＦＸや仮想通貨など投機的でハイリスクな商品に手を出したり、適正額以上の金額をかけてしまう方もいます。

仮に資産を増やすことを第一の目的として投資を行う場合でも、冷静な判断を行うために、一〇年、二〇年の長期スパンで成果を見守るくらいの余裕が必要です。

金融商品は額面がほぼ一定に維持される現預金と異なり、商品によっては日々、あるいは刻々という短い頻度で、評価額が増えたり減ったりを繰り返します。この中で評価額が安い時に買い、高い時に売って利益を上げることは、長年投資に親しんだ方でも簡単なものではありません。もちろん、過去に短期間で評価額が二倍、一〇倍になったような商品もあります。そのことは逆に、短期間で評価額が半分や一〇分の一になる可能性があることも示しています。

世の中がどう変わっていくかは、誰にも予想を立てることができません。コロナ禍の今、世界情勢はより一層不透明になっています。著名な企業がある日突然倒産する可能性も、完全には否定できません。

最安値で買って最高値で売却するのが投資の理想ですが、「天井売らず底買わず」という格言もあります。投資の経験が豊富な人であっても、天井（最高値）で売ること、底値（最安値）で買うことは難しいことを指しています。

預貯金に回せる額の五パーセントからはじめる

商品によって、為替の変動を受けやすい、国内の景気動向の影響を受けやすい、など、値動きの性質は異なります。これだけに投資をしておけば安心、というものを探すのではなく、性格の異なる対象に分散して保有することで、資産の価値を保全することが、多くの人が目指す投資の方針といえます。

投資にはじめて取り組む人の金額の目安は、余剰資金の五パーセントくらいにすると良いでしょう。生活費の三ヵ月から六ヵ月分程度は、預貯金として保有し、それを上回る金額の五パーセント程度からスタートするイメージです。

あるいは毎月預貯金に回すことができる金額の五パーセント程度を投資信託などとして積み立てるという方法も有効です。毎月五万円の貯蓄ができる人の場合、そのうち二五〇〇円だけを投資信託として積み立てて、残りの四万七五〇〇円は預貯金のまま貯蓄を続けるイメージです。慣れてきたらその割合を一〇パーセント、二〇パーセントと増やすことも検討しやすくなります。

投資できる金額が引き上がってきて、毎月一万円の積立投資を二〇年間続けられたとします。自分が投じた金額は二四〇万円（毎月一万円×二〇年間）ですが、投資で増えて二九五万円（約二三パーセント増）程度受け取れるとすると、これは、結果的に年率換算で二パーセント程度の運用が成功した例になります。

わざわざ勉強して口座を開いてやらなければいけないのに、年率換算二パーセント程度だと物足りないと感じる方もいるかもしれません。退職金で一〇〇〇万、二〇〇〇万というまとまった金額が入るタイミングでは、少しリスクを取った投資に手を出したくなることも多いようです。その結果、手痛い失敗をして、二度と投資に手を出さなくなってしまう方もいます。

投資は、振ればお金が出てくる魔法の杖のような劇的な効果をもたらすものばかりではありません。値動きの激しい金融商品や、リスクを積極的にとっていったとして、運よくそうした効果を得られることもありますが、値動きを逐一チェックするなど、投資に対して多くのエネルギーを注ぐ必要があります（しかもそれほど取り組んでも、プラスの魔法の杖が必ず手に入るとは限りません）。

定年後からはじめる投資には十分な注意を

多くの人は投資やお金のことよりも、家族や、生活や、健康など、他に大切にしたいものがあり、できれば投資などに注ぐエネルギーは最小限に抑えたいのではないでしょうか。そういった意味でも、魔法の杖のような劇的な効果を追い求める投資ではなく、投資をしていることそのものを忘れるくらい、自然体でいられる範囲内の投資を心がけるのが、投資によって本来の目的（幸せな生活）をサポートするコツなのです。

そのためのポイントとして、**投資する金額を抑えること**、**投資で成果を得るまでの期間を長めに見積もること**、**購入する商品の性格を分散すること**などに、気を配る必要があります。こうした注意点を踏まえると、投資で負債を抱えてしまう、資産がゼロになってしまう、老後資金を取り返しがつかないくらい減らしてしまうといったトラブルを防ぐことができます。過度に恐れることなく、期待しすぎることもなく、評価額の変動に一喜一憂しない、放っておいても気にならないくらいの距離感ではじめるのが、投資を長く続けていくためのポイントです。

また、六〇歳を過ぎた高齢の方で、これからはじめて投資をするという場合は、本当に自分にとって投資が必要なのかどうかも考えてみてください。よく雑誌などで貯蓄から投資へという話がでたり、これからは長期分散積み立てですよね、という話がでたりします。みんなが投資の話をしていて、やらなければいけないものだとも思われがちです。もちろん投資は、節約、働くこと、と並ぶ、お金とのつき合い方を考える上で重要な柱の一つです。

しかし、それでもやはり、節約や働くことの優先順位のほうが高く、今、経済的余裕がないにもかかわらず、投資をやらなければいけないというほどのものではありません。

六〇歳以降は投資に回せる年数が短いです。七〇歳から取り崩すとしたら、取り崩しのスタートまでは一〇年しかありません。年金や退職金、現役時代に貯めた貯蓄で暮らしてゆく中で、すぐに取り崩す可能性がある予算を金融商品に換える必要がはたしてあるのかは、十分に検討してみてください。

物価や景気の変動に備えるという目的を忘れずに

家計管理ができていない、なぜ支出が多いのかがわからない、赤字になっている理由がわからない、そもそも老後資金が足りるかどうかの判断ができないといった方は、まずしっかりと自分の家計を把握して、足元を固めましょう。それができてから、余った資金をどうするか、今すぐには必要ないが一〇年後、二〇年後に必要な資金を守りたい。そのようなことを考えたときに、選択肢の一つとして投資を考えてみるくらいのスタンスがいいでしょう。

先ほど説明したように、多くの人が取り組むべき、資産運用の一環としての投資とは、増やすというよりは、現預金だけだと物価や景気の影響で資産価値が下がってしまう可能性を軽減させるために行います。物価が上がった場合、これまでより多くの現預金で払うしかなくなってしまうという事態を避け、その時々に有利な他の金融資産を持っておく、選択肢がある状況を作るために行う、といった意味合いが強いです。

はじめて投資をする場合、金額は抑えめが良いでしょう。お金が増えたり、減ったりするのに慣れていない場合、不利なタイミングで売却してしまい、利益が減ってしまったり、損失を出してしまったりする可能性があります。

毎月貯蓄額の五パーセント、月に五万円貯蓄をしているなら、二五〇〇円くらいを投資に回す。退職金二〇〇〇万円のうちの、まずは一〇〇万円以内で投資する、くらいが一つの目安となります。

少額で半年から一年の間、投資を続けて、冷静な判断で投資ができると確信が持てるようになってから、投資に充てる金額を増やす検討をしてください。

4　それぞれの金融商品のリスクと特徴

リスクを区分けする

投資をはじめるにあたって、どのような商品を選べばいいのでしょうか。まずはそれぞれの商品が持つリスクや特徴を知ることが大切です。

株式や債券などの金融商品は、よくリスクとともに説明されます。リスクという言葉を聞くと、単純に損失が出ることをイメージする方も多いかもしれません。ですが、投資におけるリスクは金融商品の評価額が上がったり、下がったりする「変動幅（ボラティリティ）」のことを意味することも多いです。リスクが低い商品は変動幅が狭いもの、逆にリスクの高い商品は変動幅が広いものを指します。リスクの高い商品ほど、より多い利益が期待できる一方、損失もまた大きくなる可能性があります。リスクの低い商品は利益があまり期待できないものの、損失の度合いも低いと考えられる、という具合です。

また、そうした変動幅が生まれる要因にもさまざまな種類があり、そうした種類のことを「○○リスク」と表現することもあります。たとえば投資先が国内ではなく海外の場合、為替レートの違いでも評価額は変動します。こうしたリスクは「為替変動リスク」といいます。投資する国の政治や情勢に不安がある場合には「カントリーリスク」、投資先の元本返済遅れや金利支払いの滞りなどから懸念が生まれる「信用リスク」、債券などにおいて金利が上昇し取引価格が下落するなどの「金利リスク」、取引が極端に減ったり殺到したりすることで売りたい時に売れない「流動性リスク」、またそうしたもろもろの要因を受けて購入時と売却時の価格が変わってしまう「価格変動リスク」などがあります。

信用リスクで考えると、財務が健全で安定感のある大手企業の株式であれば、信用リスクが相対的に低く、信用リスクによる評価額の振れ幅は、他の銘柄よりも小さい可能性が考えられます。

逆に上場したばかりのベンチャー企業などで、財務的にはまだ不安定さが残る企業の場合、信用リスクが相対的に高く、それが織り込まれた評価額になっているとすれば、将来的に大きな振れ幅で利益が得られる可能性もあります（もちろん同時に、大きな振れ幅で損失が出る可能性もあります）。

このようにリスクのありどころを区分けすることで、自分が購入しようとしている金融商品の性格を理解しやすくなります。

流動性、安全性、利殖性

こうしたリスク、性格が似たもの別にグルーピングできるジャンルのことを「**アセットクラス**」と呼びます。アセットクラスは大きく分けて六つ、株式と債券、そのそれぞれを、国内、先進国、新興国と分類できます。もう少し細かくみると、金《きん》やエネルギー、小麦など「商品」を意味する「**コモディティ**」、リート（ＲＥＩＴ＝Real Estate Investment Trust＝「不動産投資信託」）などに代表される「**不動産**」などのアセットクラスも存在します。

ここまでお読みになられた方ならおわかりのように、同じアセットクラスの商品だけを保有していると、たとえば国内株式のジャンルだけを保有していた場合は、国内株式市場が下落基調の時にダイレクトにその影響が自分の資産に及びます。

一方で、国内株式とは異なる値動きを見せると期待される、先進国の株式なども保有しておけば、下がった分を相殺できる可能性もあるのです。

アセットクラスに基づいて分類した商品の、何に、どのくらいの金額の投資を行うのか、その割合を考えることを**アセットアロケーション**と呼びます。

投資をする際にはリスクが高いから悪い、リスクが低いから安心と判断するのではなく、自分が受け容れられるリスクや、投資に充てられる予算、そしてアセットアロケーションに従って、どのような商品を購入していくかが重要になってきます。

アセットアロケーションに従って具体的なアセットクラスごとの金融商品を決めたものが**ポートフォリオ**です。投資をして、実際に運用していく際にはアセットアロケーションをもとにポートフォリオをどう調整していくかを考えながら、商品を売却したり、買い増したりしていくことになります。

また、投資の基礎を押さえるためには、リスクの種類だけでなく、金融商品それぞれの特徴を知ることも重要です。

金融商品の特徴は主に三つ、**流動性**、**安全性**、**利殖性**があります。

流動性とは現金化しやすく、すぐに使えることを意味します。安全性とは元本が割れにくいこと、利殖性とは増やせる可能性がある特徴を意味します。三つの特徴の意味をとらえるために、ここでは仮に、預貯金、保険、債券、株式の四つについて、三つの特徴のどこに強み弱みがあるのかを見ていきましょう。

――預貯金の特徴

日ごろから馴染みのある郵便貯金や、銀行の預金。これら預貯金のメリットは**流動性**と**安全性**が高いことです。いざ必要となった時には、すぐに引き出して使えます。

加えて、仮に銀行が破綻しても、預金保険制度により預金の元本が一〇〇〇万円までなら保護されます（元本一〇〇〇万円につく利息まで保護されます。一〇〇〇万円を超える部分に関しては、破綻の際の状況によって異なります）。

一方、預貯金の**利殖性**はかなり低いです。二〇二一年一〇月現在のメガバンクの普通預金金利は〇・〇〇一パーセント。仮に退職金の二〇〇〇万円を一年間普通預金として預けておくとしましょう。その場合の利息は二〇〇円と、うっかり時間外のＡＴＭ手数料が一度でもかかってしまったらなくなってしまうような水準です。預貯金で資産を増やすことは期待できません。

——保険の特徴

本来、保険は「保障」というサービスを受けるための商品ですが、商品の内容によっては、貯蓄性が高い保険商品も存在します。貯蓄目的で加入した保険について分類する場合、**安全性**が高めな金融商品にあたるでしょう。貯蓄目的で契約するものには終身保険、学資保険、養老保険、個人年金保険などがあります。

これら貯蓄型の保険は毎月払う保険料を貯蓄や運用に回します。ただし、すべての保険料が運用に回るのではなく、商品の維持・運営をするための経費や、保障という本来のサービスを提供するための原資に充て、残りが貯蓄部分になります。

貯蓄部分の運用の仕方には二パターンがあります。運用利率が変動するものと、固定されているものです。

利率が変動するものとしては、自分で運用商品を選べる商品、外貨建てで為替レートの影響を受ける商品などがあり、運用結果によっては支払った保険料を上回るとは限らない商品もあります。通常の投資商品ではなく保険商品の中で運用商品を探すという制約や、円に換算するタイミングを判断する労力などを考えると、利率が固定型の商品を選ぶほうが無難です。

利率が固定されている商品を選択する場合、何年間加入すれば解約返戻金が支払った保険料を上回るかの判断がしやすいというメリットがあります。一方で契約時の利率が固定されるので、その後景気が上昇し利率水準が改善されても契約時のまま、というデメリットがあります。また、保障が手厚い場合は、利率が固定されている商品でも、支払う保険料より戻るお金が少ないこともあります。

保険で運用する場合は利率が固定型の商品にするほうが無難です。ただし、より利率の良い商品が出てきた場合に、現金を回せない可能性があるので、**大きな金額を一つの商品に集中させないように**しましょう。

利率が変動でも固定でも、保険商品の場合は、通常の投資商品と異なり、運用利率に一定の約束事があります。保険料すべてが運用に回されない特徴や、外貨建ての場合、レートと円に戻すタイミングによって元本が割れることもありますが、一定の「約束」があるという意味で、通常の投資商品より「**安全性**」に優れていると言うことができます。

とはいえ、保険の本来の目的は「もしもの時の保障（補償）」です。

保障については、損得で選ぶべきではありません。事故を起こして賠償金が発生してしまった、子育ての真っ只中で配偶者が亡くなった、といった起こる確率は低いものの、起こってしまった時に金銭的なダメージが大きく、生活が立ち行かなくなるリスクをサポートすることが、本来の大きな目的です。そしてそういった「保障」というサポート、サービスを受けるにはコストがかかり、すべてが貯蓄には回らない仕組みなのです。

そのため、加入しようとしている保険商品のうち、貯蓄の側面と、保障の側面は、切り分けて判断をする必要があります。

なお、一部の貯蓄型の保険、とくに一九九九年三月以前に発売されたものの中には、利率が五パーセント以上といった、現在の低い金利から考えると、ありえないような高い利回りの「お宝保険」と呼べるものがあります。もし、そういった「お宝保険」に加入しているのであれば、解約しないでそのままにしておいたほうが、五年、一〇年たった時に得をするかもしれません。

――債券の仕組み

流動性、**安全性**、**利殖性**がそこそこ見込める商品が債券です。債券は国や企業にお金を貸したことを証明する借用書のようなもの。貸したお金なので、約束した期日がくると原則、全額が戻ってきます。

五年、一〇年といった期間を決めてお金を貸したとしましょう。貸している間は、国や企業はお礼として約束した一定の利息を債券の保有者に支払います。満期まで待てば、それまでの間は利息を受けられ、元本が戻ってきます。これが債券の基本的な仕組みです。

ただし、注意点もあります。仕組みを聞くと、債券は元本が保証される商品のように思われるかもしれませんが、お金を貸した団体が破綻してしまうと元本が返ってこない可能性もあります。また、新規発行から満期まで持ち続ける取引以外にも、途中で売買が行われるケースがあり、そうした場合では売買の価格の差によって損失が出る場合があります。

お金を貸す団体が破綻する可能性が低いか、安心して貸せるのかを判断するための指標があります。それが債券の「格付け」です。AAAからCまでなど、段階で示し、AAAからBB

Bまでは「投資適格格付け」、BB以下が「投機的（非投資適格）格付け」などとして、リスクの度合いを分類します。

格付けは格付け機関とよばれる民間の格付け企業が決めています。代表的な企業は海外ではS&P（スタンダード・アンド・プアーズ）、ムーディーズ、日本では日本格付研究所などがあります。

格付けは債券が返却できる信頼度が高いと考えられる国や企業ほど上がり、返済能力に不安があるとみなされるほど下がります。格付けの高い債券に対しては、安心して投資ができるわけですが、通常、受け取ることができる利息は低くなります。格付けの低い債券は元本割れなどの可能性が高い分、リスクが織り込まれ、高い利息が設定されていることが多いです。

格付けは、格付け会社によって異なる場合もあります。気になる場合は複数の格付け会社の格付けを参照すると良いでしょう。

債券投資の身近な具体例としては、「個人向け国債」が挙げられます。

個人向け国債は金利のタイプや適用される金利のタイプ、満期によって、固定3、固定5、変動10の三つがあります。

・**固定3は「満期三年、基準金利−〇・〇三パーセントの金利、固定金利」**
・**固定5は「満期五年、基準金利−〇・〇五パーセントの金利、固定金利」**
・**変動10は「満期一〇年、基準金利×〇・六六パーセントの金利、変動金利」**

となっています。

固定3、5の場合、金利は購入時の利率で固定されます。そのため、利率が低い時に購入するとそのままになってしまいます。

変動10の場合は、半年ごとに適用される利率が見直されます。つまり市場金利に応じて適用される利率が上下するのです。市場金利が下がった時には基準金利も下がりますが、下限は設定されているので、市場金利がいくら下がっても、〇・〇五パーセントの利息を受け取ることができます。

また、満期は三年、五年、一〇年と設定されていますが、発行から一年を経過すると中途換金は可能で、直近二回分の利子を返却することになります。一年経過するとちょうど利子を二回受け取るので、実質、元本が割れる心配がありません。

債券は、ある程度の**利殖性**と**安全性**が期待される人気の運用方法の一つですが、近年では市場金利がかなり低いことから、投資先としての魅力はやや低いと見る傾向もあります。

——株式

株式はみなさんよく聞く名称かと思いますが、企業に出資する投資方法で、株式の口数分の割合だけ権利を保有するオーナーになるようなかたちです。債券のようにお金を貸すわけではなく、出資をするため、元本が戻ってくることがベースになっている仕組みではありません。**利殖性**が高く短期間で大きく値上がりする可能性もある一方で、**安全性**は低く、元本割れする可能性も高い商品です。

株価は一株の価格で表示されますが、国内では通常、一〇〇株を「一単元」とする単位で取り引きします。

そうすると、一株二〇〇円の株式を購入する場合には、二万円が必要になります。ただし、後述する投資信託などのように、少額から株式に投資できる商品や取引方法もあります。

取引は同じ銘柄を売りたい人、買いたい人が価格を提示し合い、マッチングすれば取引が成立する、といった流れで進みます。そのため価格も売りたい人、買いたい人の希望額に合わせるかたちで変化していきます。

株価の変化の流れに合わせて、その時に買える価格で購入する方法を**成行**《なりゆき》、一株一〇〇〇円や一万円といったように、値段を指定して売買することを**指値**《さしね》と呼びます。買いたい価格、買いたいタイミングを自分で決定できるのが、株式投資の魅力と言えるでしょう。

基本的に株式投資では安く買い、高く売ることを目指します。投資の判断基準にはさまざまな視点がありますが、その一つが、**バリュー**と**グロース**という概念です。

バリュー投資では、企業業績などを加味して、現在の株価が本来持っているはずの価値より割安な銘柄である「バリュー株」を中心に投資します。

グロース投資は、今後成長しそうな企業銘柄である「グロース株」を中心に投資します。

判断材料としてよく使われる指標には、

・ＰＥＲ（株価収益率）：株価が一株あたりの純利益の何倍になっているかを示す指標で数字が小さいほど割安

・ＰＢＲ（株価純資産倍率）：株価が一株あたりの純資産の何倍になっているかを示す指標

で数字が一に近い小さい値であるほど割安（一を割ることもある）

・ＲＯＥ（株主資本利益率）：ＰＢＲをＰＥＲで割って算出され、数字が大きいほど資金が有効に事業投資されている

といったものがあります。

バリュー投資、グロース投資でいうと、ＰＥＲが低く、ＰＢＲが一を割り込むような割安な銘柄がバリュー投資の対象になりやすく、ＰＢＲやＰＥＲが高い、資産や収益の増大が期待されている銘柄がグロース投資の対象になりやすいといえます。

こうした企業の財務状況などを測る指標をもとに投資することを、**ファンダメンタルズ分析**と呼び、中期から長期の視点で判断するのに向く手法とされています。

逆に、株価の動きをグラフで示す、チャートや板（価格ごとの買い注文と売り注文の株数の一覧表）を見て売買の判断を行うのは**テクニカル分析**と呼ばれています。テクニカル分析は、短期で投資を行う際に向いている手法とされています。

株式に投資をすると、投資した企業の事業がうまくいっていれば、年に数回、配当金というかたちで利益の一部を受け取ることができる場合もあります。また、企業によっては、食料品メーカーであれば缶詰、レストランを運営している企業であればレストランの割引券など、その会社の商品や割引券などが株主優待としてもらえる場合もあります。

ただし、株式投資における株価の変動は、一般的には配当金や株主優待で得る金額よりも大きなものになります。配当金や株主優待でメリットがあっても、株式そのものの売買で大きな損をしてしまうと、取り返すのが難しくなります。

また、配当金や株主優待は企業の利益の一部を先に還元しているものととらえることもできます。

せっかく出資をして、効率的に事業に充てて評価を上げ、資産を増やしてもらいたいと思っている資金の一部が、先に返ってきてしまっているかたちになるため、「投資の王道」的な考え方からすれば、配当金や株主優待での喜びよりも、長く保有して株価そのものが上昇してくれることのほうが好ましいという考え方があります。

とはいうものの、高い配当や投資家にとって魅力的な株主優待を行う会社は体力があり、人気も高く、株価も安定しやすい傾向もあります。

普段から気に入っていて、よく使っているレストランの食事を株主優待でお得に楽しめる、コンスタントな配当金で継続的な利益を得ることを目的とする、それでいて株価も安定しているなら、必ずしも「投資の王道」的な視点だけにこだわらなくても良いのかもしれません。

株式投資をするのであれば、配当金、株主優待、売買の合計でマイナスとならないように気を配りましょう。ちなみに、株式は預貯金と比べると、**流動性**が低い商品といえます。保険や投資信託などに比べると、すぐに売却できるため**流動性**は高くなりますが、損失が出るタイミングで売却することになるとためらうという側面もあるため、やはり流動性においては預貯金には劣ることになります。

保有している資産全体のバランスを考えて、投資する金額を調整できると良いですね。

――外貨での運用もあり？

投資というよりちょっとしたお得ワザ

ワインやチーズなどの食料品、外国製の家具など、私たちの日常生活は輸入された商品によって成り立っているところがあります。

こうした輸入されている商品は通貨レートの影響を受けます。一ドル＝一〇〇円の為替レートが、一ドル＝一一〇円の円安となると、円換算した購入価格は値上がりし、逆に一ドル＝九〇円の円高となると、円換算した購入金額は値下がりします。

同じ資産額で、円安の時に輸入されたものを買おうとすると、買える商品の数は少なくなります。つまり、資産の相対的な価値は下がってしまいます。こうした為替のリスクを避けるために、資産の一部を外貨で保有して、運用することも一つの手です。

外貨による運用の場合、外貨普通預金や外貨定期預金として保有する方法が一番シンプルです。

外貨預金をする時に気になるのが金利です。日本のメガバンクの場合は先ほど説明したように金利は普通預金で〇・〇〇一パーセント、定期預金で〇・〇〇二パーセントと非常に低くなっています。

一方、たとえば楽天銀行の一年定期で比較してみると、豪ドル〇・三パーセント、英ポンド〇・一二パーセントと、先進国でも日本の円定期預金よりも六〇倍や一五〇倍と、金利が高い国もあります（なお、楽天銀行は楽天証券にも口座を開いてアカウントを連携する「マネーブリッジ」をするだけで、円普通預金金利が〇・一パーセントと一〇〇倍にアップする制度があります）。

新興国ではさらに利率は高くなる傾向にあり、円に戻した際に利益を得られる可能性もあります。

ただ、ご覧いただいたように、為替レートで損をする可能性を含んでいる割には、現在の外貨預金金利は高いとは言えません。

一豪ドル＝八五円から八〇円への為替変動は、約五・九パーセントの円高進行といえますが、三ヵ月程度でこのくらいのレートの変動があることも珍しくはありません。年利〇・三パーセントの利息がつくこと以上に、為替の変動によって値動きする幅が大きい可能性が高いです。

外貨預金は本気で資産の一部として組み込むというよりは、円高だと感じる時に少額だけ買い足しておいて、該当通貨を利用する国に出かける際のレートが、外貨預金残高のレートよりも円安であれば、残高の中から使う、という付き合い方がちょうど良いかもしれません（逆に旅立つタイミングのレートが残高のレートより円高であれば、残高は使わず置いておく）。

そうした用途には、ソニー銀行が発行するデビットカードの「Ｓｏｎｙ　Ｂａｎｋ　ＷＡＬＬＥＴ」が便利です。Ｓｏｎｙ　Ｂａｎｋ　ＷＡＬＬＥＴは、ソニー銀行にある外貨預金の残高を、そのまま世界のＶｉｓａ加盟店で利用できるデビットカードです。外貨預金をする際に、すでに為替手数料を支払っているため、デビットカードで残高をショッピングに利用する際には手数料はかかりません。

投資というよりは、ちょっとした「お得技」くらいの感覚で、外貨預金と付き合うイメージになります。

直接的に外貨預金などで保有しなくても、外国株式や外国債券、それらを含む投資信託などを保有することで、間接的に為替の影響を受ける資産を保有することもできます。中長期で見た資産価値への為替の影響を吸収するという目的であれば、外貨預金だけにこだわる必要は少なそうです。

ＦＸのリスクと特性を知っておこう

外貨を運用する商品の代表例としてＦＸが挙げられることもあります。ＦＸは日本語では「外国為替証拠金取引」と呼ばれ、その名の通り、自分が払うお金を証拠金として扱い、出したお金以上の取引を行うことができる商品です。

このように、少額で大きな金額の取引を行う仕組みをレバレッジといいます。レバレッジとは梃子《てこ》の意味で、たとえば一〇万円を用意し、レバレッジを三倍かければ三〇万円、一〇倍かければ一〇〇万円に当たる取引が行えます。

ＦＸは少額で大きな利益が期待できる一方、損失が大きくなる可能性があります。損失が一定以上になると、追加で資金を投じなければ強制的に売却されてしまうので、常に値動きを見ていなければいけません。そのため、ＦＸは手間をかけずに運用することが難しいのです。

加えて、ＦＸは言ってみれば、誰かが損失を出したことによって生まれた利益を取り合う、ゼロサムゲームでもあります。長期的に資産形成を行うには不向きで、投資というよりも投機（ギャンブル）に近い商品と言えます。

5　結局どんな商品を選んで投資すればいいのか

王道のカギとなる三つの要素

ここまで、さまざまな商品を紹介してきました。

金融商品はそれぞれにメリット、デメリットがあります。これまで投資をまったくやったことがない五〇代以降の方が、これから資産を守るために投資をはじめる場合、どういった商品を選べばよいのか？

結論から言えば、これがベストだ、という選択肢はありません。個々人の目的や投資に充てられる資金の多寡によって、チャレンジできる商品は異なるからです。

一回の投資にかける金額を減らすだけでもリスクを抑えることができます。一〇〇〇円分しか購入しなければ、それ以上は損をしません。

最近ではｄポイントや楽天ポイント、Ｔポイント、Ｐｏｎｔａポイントなど、ポイントを使って投資ができるようにもなりました。ポイントを貯めるために支出が増えているのでなければ、実質、お金をかけずに投資ができる環境ともいえます。

少額にして金額を調整したり、投資の原資をポイントに限定したりするなどでリスクを抑えることは可能です。その場合、投資対象となる商品が株式やレバレッジのかかるハイリスクなものでも、リスクの範囲を限定させることはできるのです。


ただし、王道とされる投資の手法は存在します。

キーとなるのが、「**長期、積み立て、分散**」という三つの要素です。

株式で投資をすると聞いた場合、短期で売り買いをして利益を出していく「デイトレード」のような手法を想像する方もいるかもしれません。しかしながら、短期で安値を狙い高値で売ることはかなり難しいものです。

その点、短期では上がったり下がったりして好機をつかみづらい銘柄でも、一〇年など、気長に待てる期間があれば、良いタイミングをつかめるかもしれません。長期で投資ができると、そういった有利なタイミングが来る可能性も高くなります（もちろん、今後伸びないと思う銘柄ではなく、将来を期待している銘柄を選んで投資をするという前提があります）。

短期で成果を求めようとすると、焦って冷静な判断ができなくなることがありますが、「長期のつもり」ではじめることで、冷静な投資判断につながります。

「積立」投資は金融商品を毎月一万円などと決まった金額で機械的に買い足していきます。継続もしやすくなりますし、「ドルコスト平均法」（価格が変動する金融商品を固定化された金額で、時間を分散しながら定期的に買い続ける方法）と呼ばれる購入方法が適用されます。毎月同じ金額を購入するため、購入する対象の評価額が高い時には少ない口数、評価額が低いときには多い口数を購入することになります。結果的に、購入金額が平準化され、極端な損失を出しづらくなります（同時に大儲けを狙うことを諦める方法とも言えます）。

「分散」投資は金融商品それぞれが抱えるリスクと関係します。

株式投資をしていて、ある業界の銘柄を一つだけ保有していたとします。この場合、投資している企業の信用が下がれば株価も下がる可能性がありますし、業界の業績が低迷しても、影響を受けて株価が下がる可能性があります。この際に、別の業界の銘柄を保有していれば、トータルではプラスになったり、損失を軽減できたりするかもしれません。

どの投資先が上がるのか下がるのか、将来を正確に予想することは誰にもできません。そのため、性格の異なる金融商品に投資対象を分けることで、大きな損失を回避し、自分の資産の価値を維持するための投資を目指すことができるのです。

「スーパーのお惣菜」をイメージ

投資がまったくはじめての場合、そういった「分散して投資する」ことも難しいことが多いです。

金融商品の種類は豊富です。債券や株式のそれぞれに、日本以外に為替レートの影響を受ける外国の銘柄があります。まったく知識のない中で、複数の商品を、自らの目的にそって選択し、投資し続けるのはかなりハードルが高いでしょう。

最近では、月々一万円など、決まった額を積み立てながら株式を購入できる「**るいとう**（**株式累積投資**）」と呼ばれるサービスや、ＰａｙＰａｙ証券などのように一〇〇〇円から株式を購入できるサービスも誕生していますが、株式や債券の通常取引にはまとまった資金が必要です。

株式だと一株ではなく、一〇〇株のひとまとまり（単元）で購入します。一単元購入するには、多くの銘柄で一〇万円以上は必要です。

債券の場合は、代表的な商品の個人向け国債では一万円から購入できますが、企業にお金を貸す社債の場合は五〇万円以上など、ひとまとまりで購入しなければいけない場合が多いです。

株式や債券の購入はスーパーのお惣菜コーナーを想像してみると、理解がしやすいかもしれません。揚げ物、煮物、ほうれん草のお浸しなど、各種お惣菜が並んでいます。何種類か食べたいと思った場合には、グラム数で少しずつ買うのではなく、パック単位で買うしかありません。たくさんの種類が食べたければ、その分お金が必要です。

株式や債券もこれと同じで、分散して複数の株式や債券を購入するには、まとまった金額が必要です。用意できる資金によっては、そもそも複数の商品を購入できるどころか、株式や債券を一つの単位ですら購入できない場合もあります。

そんな中で少額でも十分に分散投資ができ、現預金以外のかたちで資産を保有しておくのに王道的な商品があります。それが投資信託なのです。

6　なぜ投資信託の積立投資を検討すべきなのか

投資信託とは、先ほどのスーパーのお惣菜コーナーにたとえるなら、お弁当のようなものです。

それぞれの総菜の分量は少しずつですが、バラエティ豊富なセットがお手ごろな金額で購入できます。

投資信託は一万円や二万円、最近ではなんと一〇〇円程度から購入ができ、その中に株式や債券、株式でも先進国、新興国などさまざまな特徴を持った商品が詰め合わせになっています。

中に詰め合わされている商品によって、性格がガラリと変わるという注意点はありますが、取り組みやすい少額で、複数の株式や債券など異なるアセットクラスに分散して投資ができます。

投資信託の購入方法は大きく二つです。一つが好きなタイミングでその都度買い増しする

「**スポット**」です。もう一つが毎月一万円などのルールに沿って買い増ししていく「**積み立て**」です。

　私自身は自分でタイミングを選べるスポット投資も行っていますが、投資に対して興味を持ち続けていないと継続が難しいと感じています。

　一般的には積立投資のほうが王道、初心者向きと言われています。

　積立投資の場合、ドルコスト平均法が適用されます。これは先ほどもご説明したように、毎月同じ金額だけ購入して取得額を平準化する方法です。

　毎月三万円を積み立てていたとしましょう。一口三〇〇〇円のときには一〇口買えます。一口が六〇〇〇円の場合は五口購入できます。

　値段が高い時には少ない口数を購入することになり、安い時には多い口数を購入することになります。結果的に、割高な時に買いすぎることを防げる仕組みです。購入価格が平準化されるため、大失敗も起こしづらいです。逆に、大きく当たってものすごく儲かるということも起こりにくくなります。

　本当であれば、自分で狙って評価額が低い時にたくさん買い、評価額が上昇した時に売るのが、理論的には利益が多く出る投資の仕方に見えます。

　ですが、意外と人間の判断では、常に合理的な判断を下すことは難しいと考えられています。評価額がいつまで下がり続けるのかと感じると怖くなり、強気に買い増しすることができなかったり、まだまだ上がり続けるかと期待すると売り時を逃したり、つい過剰に買い足してしまったりしがちです。

未来は誰にもわかりません。投資をはじめたばかりで慣れない方にとっては感情の影響を無視することは難しいでしょう。その点、積み立てでは毎月、機械的に一定額を投資していくので、感情の影響を排除できます。この点も積立投資の見逃せないメリットの一つです。

また、積立投資をすることで、投資のために割く時間を減らすことができます。

スポット投資の場合、どのくらいであれば安い評価額といえるのか、購入をやめる決断はいつまでにすべきか、口数はどうするか、などを決定するために常に値動きをチェックしなければいけません。

また、自分が好機だと思ったその時に、間違わずに忘れることなく購入操作をしなければいけません。

場合によっては、ベストなタイミングを探る上で業界や経済の知識も勉強して身につける必要もあるでしょう。投資が好きであれば楽しい時間でしょうが、投資にあまり興味のない人にとってはそれなりの負担になります。

積立購入であれば、放っておいても毎月一定額で購入してくれるので、こうした負担を極力減らすことができます。

人生にはさまざまな目標があるかと思います。投資や資産運用は、それをかなえやすくする選択肢の一つに過ぎません。これから老後を迎えようという本書の読者の方には、必要以上に貴重な時間やエネルギーを投資に振り向けることなく、適度な力加減で、良い塩梅の選択肢を検討いただきたいです。

もちろん、積立投資も万能な手法ではありません。積み立てだと、割安だと思われるタイミングで大きく買い増しするチャンスは逃してしまいます。

また、値段が下がり続ける場合は売却益は期待できません。下がり続けている期間が長ければ、損をしてしまう可能性もあります。三ヵ月や、一年に一度くらいは評価額をチェックする必要があるでしょう。

長期目線で見ても評価額が浮上する見込みがないと考えられる場合は、購入の継続をやめることや、どこかで売却をする判断も必要になってくるかもしれません。

ではいよいよ、次章からは投資信託の仕組みを細かく解説していきます。

第三章　投資の王道　投資信託

1　そもそも投資信託はどういう仕組み？

証券会社、運用会社、信託銀行の関係

第二章では、資産運用をする上での考え方を見てきました。

その中で長期、積み立て、分散の三つを気にかけることが重要だと説明しました。初心者の方でもその三つを満たしやすい投資方法が投資信託を積立購入する方法です。

投資信託について先ほどは、お弁当にたとえて説明をしました。

具体的に説明すると、株式、債券など複数の金融商品が詰まったもので、信託という名のとおり、資産の運用をファンドマネージャーと呼ばれる資産運用のプロにお願いして、投資する商品です。

多くの投資家からお金を募って運用するという仕組みですね。

一人一人の投資家がつぎ込んだお金が少なくても、全体としては多くの投資家からお金を集めるため、数十、数百の企業や金融商品に投資することができます。

得られる利益は購入時より評価額が高い時に売却する売却益と、決算期に支払われる分配金

図表３　投資信託における金融機関のスキーム

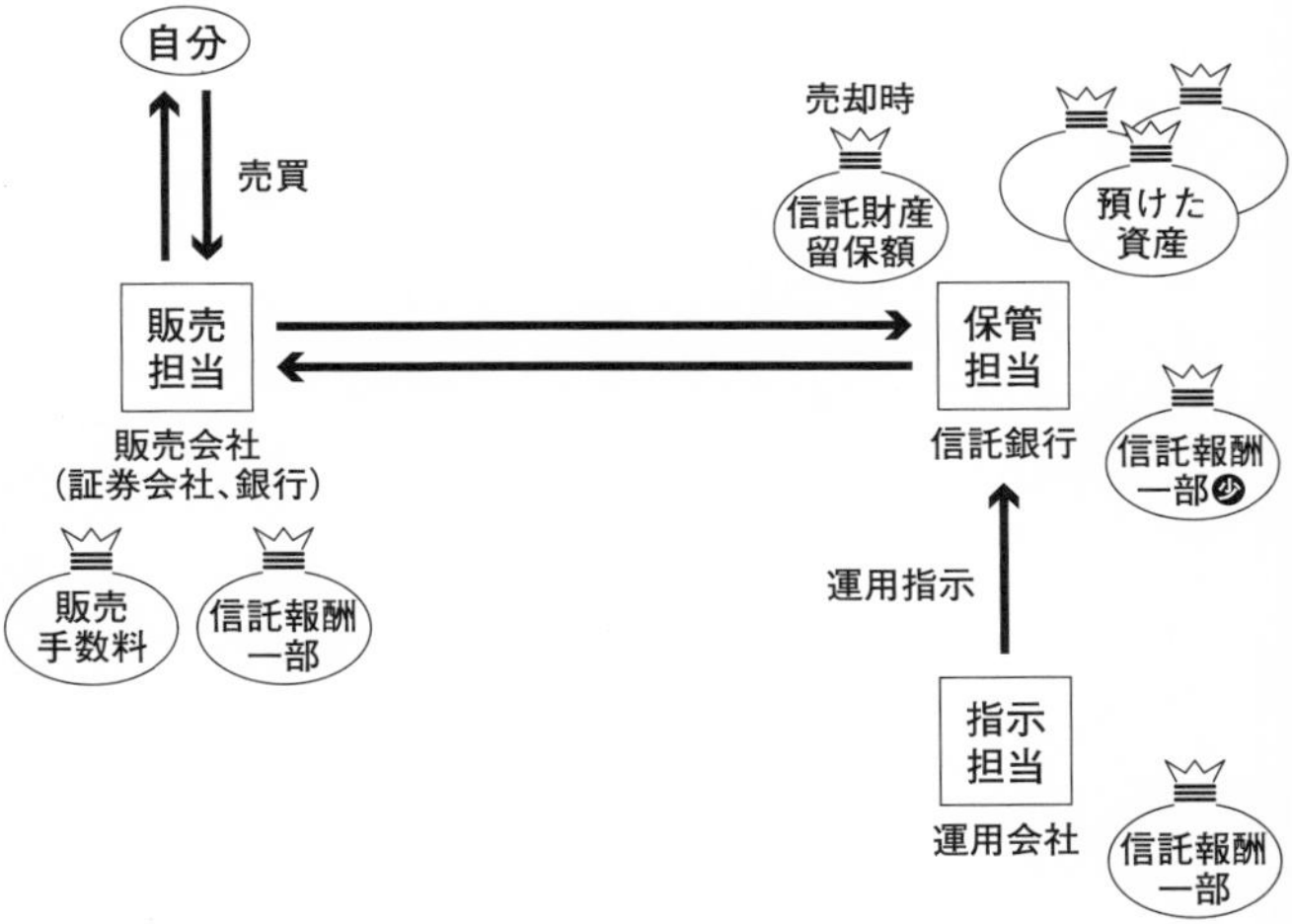

の二つがあります。分配金は運用して出た利益から支払われる「**普通分配金**」と、購入時の元本から払い戻されている「**特別分配金（元本払戻金）**」の二つがあります。

投資信託を購入する際は証券会社やゆうちょ銀行など、投資信託を売っている窓口で購入します。

実際の投資信託の運用は、こうした窓口が行うわけではありませんが、ネットで取引ができる環境を整えたり、簡単に資産の状況を確認できるサービスを提供したりする役割を担っています。

銀行や証券会社を通して集められたお金は信託銀行が保管します。いわば金庫番のような立ち位置です。

運用の取り決めはファンドマネージャーが

所属する「運用会社」が行います。経済、金融動向、社会情勢や企業業績などを調査し、投資すべき会社を分析、商品とその運用方針を決め、信託銀行に指示を出します。

信託銀行は指示にのっとって投資家の資産を運用する、というのが大まかな流れです。

基本的に運用会社は販売などを担当しませんが、中には独立系という、投資家に直接商品を売るタイプの運用会社もあります。企業によっては所属するファンドマネージャーが勉強会を開いており、実際に誰が運用を行うのかを知りながら投資できるところもあります。

運用のコストを把握する

投資信託の商品は大きく分けて二つあります。

一つは社債、国債など、債券のみを組み入れる「**公社債投資信託**」です。もう一つが債券だけでなく株式も組み入れることができる「**株式投資信託**」です。債券のみを運用している商品でも、ルール上、株式の組み込みが可能な商品であれば、株式投資信託として分類されます。そのため、検討する投資信託は、株式投資信託が中心になるでしょう。

運用方針も、大きく二つに分けられます。

一つはＴＯＰＩＸ（東証株価指数）、日経平均株価、ＭＳＣＩコクサイ、Ｓ＆Ｐ５００といった主要な経済指数にのっとった運用を目指す「**パッシブ運用（インデックスファンド）**」。もう一つは運用会社が企業分析などを通して投資先企業を選定していく「**アクティブ運用**（**アクティブファンド**）」です。アクティブファンドは、ファンドマネージャーがマーケットを見定めてこまめに売買しながら運用していく方式なので、インデックスファンドよりも手数料が高い傾向にあります。

運用会社、信託銀行、販売会社は、投資家から支払われる手数料から利益を得ています。

投資信託にかかるコストは三つ。一つは販売会社から投資信託を購入する時にかかる販売手数料です。これが販売会社の収益の一部となります。購入する商品や金融機関によって割合が異なりますが、購入金額の〇～三パーセントが一般的です。つまり、一万円分購入すると、〇～三〇〇円ほどになります。最近は販売手数料が無料の「ノーロードファンド」と呼ばれる商品も増えてきました。

二つ目が、売却時にかかる、信託財産留保額です。こちらは売却額の〇・一～〇・五パーセント、一万円売却した場合一〇～五〇円ほどかかります。ただし、この費用は手数料というよりは、その投資信託を変わらず持ち続ける他の投資家に対して中立性を保つためのコストと言えます。

先ほども説明したように、投資信託は複数の投資家がお金を出して運用を任せています。投資家の誰かが投資信託を途中で売却する場合、ファンドマネージャーが株式や債券を売却して現金を用意しなければなりません。この売却時にかかるコストをそのままにしておくと、投資信託を保有し続ける他の投資家たちに負担がかかります。

不公平になることを避けるために、売却した投資家が費用を負担しているわけです。ちなみに、この信託財産留保額も商品によってはかからないものもあります。

かからないことが一概に有利と言えない費用ですが、かかるのか、かからないのかは、後述する目論見書を購入前に確認するとよいでしょう。

もっとも注意するべき手数料が、三つ目の信託報酬などの継続的にかかる手数料です。預けている金額の〇・二〜一・五パーセント程度（年間）が、投資信託を保有している間、ずっとかかります。

仮に信託報酬が一・五パーセントだとすると、一万円預けている場合は毎年一五〇円かかります。一〇年保有した場合には一五〇〇円、二〇年保有した場合には三〇〇〇円と大きくなり、基準価額が変化しない場合は預け入れる資産が多ければ多いほど、運用する年数が長ければ長いほど、負担がかさみます。

一見大きくない金額に見えますが、長期運用を続けていく際に期待することとして、その年に得られた利益が再び投資に回ることがあげられます。信託報酬などの継続的にかかるコストが高いと、翌年、翌々年と、運用に回されるはずだった利益も手数料が差し引かれ目減りすることになってしまうため、資産を膨らませていく効果が小さくなります。そのため、単純に手数料×年数で計算した以上のデメリットになると考えられます。

一般的には国内株式を扱う投資信託の場合、インデックスファンドで〇・五パーセント、アクティブファンドで一・五パーセント程度になります。近年では、国内株式をあつかうインデックス型のファンドで信託報酬〇・二パーセント未満のものも増えてきました。〇・二パーセントを信託報酬が割安な投資信託選びの一つの目安にすると良さそうです。

売却時の税金に要注意

ここまで紹介してきた投資信託にかかる手数料が、「意外と低い」と思った方もいるかもしれません。じつはそこが落とし穴なのです。

手数料がかかるということは、運用によって増やせなければ、元本割れしてしまう、ということを意味します。販売手数料がかかる投資信託を選んだ場合は、元本割れをしたところからスタートすることになります。些細な違いに見えるかもしれませんが、長期的に見た場合、運用成績を大きく左右する要素なのです。

ある程度の年数、投資をしたら、売却を検討することもあるでしょう。その際、投資信託を運用して得た利益はそのままもらえるわけではありません。分配金、売却益ともに、おおむね利益の約二〇パーセントの税金がかかります。これは、証券口座で「源泉徴収あり（申告不要）」として納税を代行してもらった場合の税率ですが、内訳は所得税一五・三一五パーセント、住民税五パーセントです。

税金の計算方法には他の所得と合算する**総合課税**、他の所得と分けて計算する**申告分離課税**がありますが、購入した証券会社などが税金の計算を行う**申告不要制度**もあります。

売却益と公社債投資信託の分配金は申告分離課税、申告不要が選べます。株式投資信託の分配金は三つの中からどれか一つを選べます。

トータルの所得によっては、総合課税として計算することで納税額を抑えられる可能性があります。そのため、株式投資信託の分配金を総合課税として計算するか検討の余地がありますが、総所得が高い場合などは、総合課税にすることで、かえって納税額が増えてしまうケースもあります。

これからはじめて投資をする、投資額が少額という方の場合は、証券会社に税金の計算をお願いする「申告不要（源泉徴収あり）」を選ぶのが無難でしょう。また、以降ご紹介する「つみたてＮＩＳＡ」など、税制優遇口座を使えば、そもそも利益に対する課税がないため、難易度の高い税金の計算方法をあえて選択する理由がなくなります。

2　購入の仕方

「基準価額」はあくまで目安

投資信託を取り引きする際の単位を口と呼びます。

運用成績は運用を開始した時に一口いくらで購入したのかを基準に判断します。一口あたりの金額は基準価額と呼ばれ、多くの投資信託は一万口あたり一万円の基準価額で当初は設定されています。この基準価額は投資信託の単価を示すもので、投資家から集めている純資産総額を総口数で割って求めます。

基準価額一万円（一万口）の投資信託をAさんが三万口、Bさんが二万口、Cさんが五万口、合計一〇万口を購入したとします。この一〇万円分の資金を株式や債券で運用し、二〇万円に増やせたとします。この時の基準価額は二〇万円÷一〇万口なので、二万円となります。

そのため、基準価額は購入以降の成績をはかる目安になりますが、基準価額が高い投資信託が優れている、というものではありません。預け入れされている純資産総額が莫大でも、同時に口数も多ければ基準価額は小さくなります。

あくまで、現在の単価を確認する目安としてチェックしていきましょう。

投資信託は刻々と値段の変わる株式や債券を組み込んだ商品です。ですが、株式市場が開いている間ずっと値動きする株価と異なり、投資信託の基準価額は通常、時間によって変化はしません。投資信託の基準価額は、一日に一回（一つの値段）だけ決められるのが通常です。計算はその日の夕方に行われ、翌日の新聞などで公表されるサイクルのことが多いです。

つまり、私たちが投資信託を購入する時には、基準価額や購入できる口数が正確にはわからない取引になります。これは**ブラインド方式**と呼ばれます。新規の投資家が購入価格と売却額の差額で売り抜けて利益を得ることで、既存の投資家が損をしないようにするためにこうした仕組みが設けられています。信託財産留保額と同様、投資家全体で不公平感が生まれないような構造となっています。

投資信託の売買による利益は、なんとなく安い時から買い続け、なんとなく高そうな時に一部売るなどのシーンで発生します。商品の構造としても、短期間の激しい売買が向いていないことがわかりますね。

購入の仕方は種類ごとに異なる

第二章で、投資信託の購入方法には、思い立った時にその都度購入する「スポット」と、毎月一定額を購入していく「積み立て」があると説明しました。

投資信託の種類によっても購入の仕方は異なります。

一つは、いつでも購入できる「**オープン型投資信託**」あるいは「**追加型投資信託**」と呼ばれるものです。もう一つが「**ユニット型投資信託**」「**単位型投資信託**」と呼ばれるもので、募集期間が決められており、その期間しか購入することができません。

投資信託を売却する際は、購入した証券会社などの金融機関の窓口やネット証券の画面で行います。投資信託を解約して、換金をしてもらう「解約請求」と、販売会社に投資信託を買い取ってもらい、その代金を受け取る「買い取り請求」の二つの方法があります。売却する際は保有している投資信託の一部かすべてかを選んで売却することができます。

ちなみに、投資信託の中には、投資できる年数、「信託期間」が定められているものも存在します。運用を終える日を「償還日」と呼び、償還日を迎えると、投資家に預けていた資産がその時の評価額に応じて清算され戻されます。

投資信託の中にも、株式のように購入価格、口数を指定して取引ができるものがあります。

それがＥＴＦ（上場投資信託）です。東京証券取引所といった金融市場に上場されている投資信託で、売り手と買い手の希望額に応じて刻々と取引価格が変わります。購入時にかかる手数料の計算も投資信託と異なり、基本的には株式と同じように、購入の都度販売手数料がかかります。

投資信託のように自動で積み立てることはなかなかできませんでしたが、近年、ＥＴＦの中にも積立投資が行えるものも出てきました。このようにさまざまな種類の投資信託がありますが、現在は、いつでも購入できるオープン型投資信託が主流です。

長期投資は個人投資家の強み

投資信託の名称は、販売会社、運用方式、購入方式の違い、扱う商品、アセットクラスなどを掛け合わせたものになっています。

日本株式を扱う、インデックスタイプの運用を行うオープン型投資信託の場合、インデックス日本株式オープンといった名前になります。商品の細かな特徴は「目論見書」と呼ばれる、概要をまとめたものを見ることで確認できますが、名称からでも類推することができます。

投資信託の購入窓口となるのが、証券会社や銀行です。手数料が安く、店舗に出向かずとも、手軽に手続きを進められるネット証券を選ぶのが一般的です。

投資のはじめ方としては、毎月コツコツ積み立てるのが基本です。ですが、たとえば退職金の二〇〇〇万円を一刻も早く投資に回したいと考えた場合は、その五パーセントである一〇〇万円を数ヵ月に分け、ある程度まとめて投資するのも手です。一〇〇万円分投資に使えるお金がある場合だと、毎月一万円ずつコツコツ積み立てをしても一〇〇ヵ月たたないと全額が投資に回りません。投資できる予算にもかかわらず、資金が長期間投資に回らずにいるのは機会の損失とも言えます。

引退した後も仕事を続けて貯蓄も増やすつもりがあるのであれば、毎月貯蓄している分の五パーセントを積み立てて投資していくという考えでもいいでしょう。

投資というと、自分が手に負えないものに自分のお金を預けてしまうような不安を感じる人もいるかもしれませんが、**リスクの度合いの要となる金額は、自分で調整することができます。**五パーセントを一つの目安としてお話はしましたが、それで投資をして、値段が下がるのが怖いと感じるなら、あなたにとっては適当な割合ではなく、投資のし過ぎです。貯蓄に回せるお金の三パーセントなど、割合を下げて、安心できる金額だけ投資を検討すると良いでしょう。

評価額が下がっている時に売却して損を確定させる損切りはどうすべきか、という質問も多くいただきます。一つの考え方としては、ここまで下がったら損切りをする、たとえば三割下がったら売ってしまうというルールを決めておくことも一案です。

逆に利益が出ている時にしか売らない、入り用になった時にしか売らないと決めて、保有したままにしておくことも、一概に悪い選択肢ではありません。

投資に親しんでいる人は、このように保有している金融商品を「塩漬けする」ことに抵抗感を持つ方も少なくないでしょう。しかし、損切りをして手元に戻った資金は、それ以上に利益が見込める新たな投資先を探さなければ結局有利ではありません。

また、長期で投資をする、時間を味方につけることができるのは個人投資家ならではの強みで、一定の期間でリターンを出さなくてはいけない機関投資家にはできない戦術です。

損切りをして新たな投資先を探し続ける、投資に手間をかける方針は、決まった期間で成績をあげなければならないプロの投資家向きとも言え、のんびり行きたい個人投資家なら、あえて損切りをしないという戦略も意外と悪くないのです。

3　証券会社の選び方

証券会社を選ぶ際の基準は主に三つあります。

一つ目は、すでに投資したい投資信託が決まっている場合、そのファンドの販売手数料が極力安い証券会社を選ぶという観点。同じ投資信託でも証券会社によって販売手数料が異なることがあります。

二つ目は、積み立てで投資信託を購入する際の下限額をチェックする観点。積み立てで投資する下限額はファンドと証券会社によって一〇〇円のところも一〇〇〇円のところもあります。

三つ目は、株式など投資信託以外の商品のラインアップをチェックする観点です。後々株式などにも挑戦したいと考えている人は、商品のラインアップや、投資信託以外の商品の取引手数料も見てみるといいでしょう。

投資に使える時間が限られている方には、自宅のパソコンで気軽にはじめられるネット証券を使うのがおすすめです。ネット証券の中ではＳＢＩ証券、楽天証券が取扱商品も多く、手数料も安くて人気です。利用者も多いため、システムも整っており、使いやすいという利点もあります。投資を行うことでSBI証券ではTポイントやPontaが、楽天証券では楽天ポイントが貯まる仕組みもあり、貯めているポイントに応じて選ぶという判断もあるかもしれませんね。もちろんポイントはあくまでおまけなので、購入する金融商品や金額の判断は、ポイントが付与されなかったとしても同じになるかどうか、自分に問いかけながら選んでいきましょう。

取引をはじめるまでの流れは、以下のとおりです。

口座を開きたい証券会社のウェブサイトにアクセスし、住所、氏名、年齢、投資目的や勤務先などを入力します。

↓

一週間ほどで登録した住所に申し込み書類が送られてきます。マイナンバーや運転免許証など本人確認書類のコピーなどを同封して返信します。

↓

証券口座にログインするために必要なIDとパスワードを記載した簡易書留郵便が届きま

す。

パスワードなどは初期設定から変更し、覚えやすいものや、より安全性の高いものにして利用しましょう。書類の郵送など紙のやり取りをわずらわしく感じる場合は、近年では口座開設をネットで完結できる証券会社も増えています。本人確認書類などをスマホで撮影し、アップロードすることで代替でき、口座の開設自体は当日中に完了できるようなケースもあります（取引開始までには数日要する場合もあります）。

はじめての人にとっては口座を開くことがまずハードルになることが多いため、一気に投資をスタートすることだけにこだわらず、ひとまずは口座開設までだけやってしまおうと、階段を一つずつ登っていくのも良いことでしょう。

4 口座の選び方

口座開設の申し込み手続きを行う際に選択を迫られる、口座の種類についてもあらかじめ把握しておきましょう。

口座は主に一般口座、特定口座（源泉徴収あり・なし）の三種類があります。一般口座は自分で年間の損益を計算する口座です。

特定口座は証券会社が損益の計算を行ってくれる口座です。損益計算の手間を軽くする目的で特定口座が作られているので、通常、個人が一般口座を選ぶメリットはあまりありません。

特定口座の中でも「源泉徴収あり」を選ぶと、証券会社が損益の計算だけでなく、利益から源泉徴収をして納税までしてくれるため、面倒な手間を省くことができます。

特定口座でも源泉徴収なしの場合は、証券会社が売却益や損益の計算はしてくれますが、確定申告や納税の手続きはしてくれません。納税漏れが発生してしまう恐れを考えると、基本的には源泉徴収ありを選ぶのが良いでしょう。

源泉徴収ありを選んでいても、年明けに確定申告を行うことはできます。ある証券会社の損失と別の証券会社の利益を相殺するなどのケースでは減税につながる場合もあるので、投資額が大きくなり、慣れてきたら、源泉徴収ありの口座を選んでいても、確定申告を検討しても良いかもしれません。

なお、**これから投資をはじめる方にイチオシの口座**として、NISAやつみたてNISAなどの税制優遇口座があります。こうした口座を開設する際にも、税制優遇口座を超えた運用をする場合などに備え、ベースとなる口座の種類を開設時に選択します。そのため、一般口座、特定口座（源泉徴収あり・なし）の意味を知っておくと、口座開設時の手続きで戸惑わずに済みます。

税制優遇口座について、簡単に触れておくと、NISAは年間一二〇万円まで、つみたてNISAは年間四〇万円までと上限がありますが、非課税投資枠内であれば、一定の期間、投資で得た利益に課税されません。一般口座や特定口座と違い、投資できる額に上限はありますが、そのことがリスクを抑えることにつながると考えることもできます。

もちろん、メリットばかりではありません。NISAやつみたてNISAは運用益が課税されない一方、他の口座の運用損益を相殺することもできません。こうしたメリットや注意点については、第四章でくわしく解説していきます。

5　商品の種類、選び方

投資の種類や手法で分類する

証券会社も選び、口座も開けたら、いよいよ実際に投資をはじめてみましょう。

商品の選び方を解説する前に、もう少し細かく投資信託にはどのような商品があるのかを見ていきます。投資信託には株式も扱える株式投資信託、社債、国債など債券のみを扱う公社債投資信託の大きく分けて二つがあると説明しました。

公社債投資信託にも複数の種類があります。

一つが**ＭＲＦ（マネー・リザーブ・ファンド）**です。主に、満期までの期間が短い債券を運用する投資信託で、安全性がきわめて高いことから、証券口座の普通預金と呼ばれることもあります。

証券口座で株式や投資信託を購入する前の資金はＭＲＦとして保管されるケースもあり、**資金の置き場所**という使われ方をすることもあります。最近では、提携している銀行口座の預金残高を資金の置き場所として利用する証券口座も出てきているため、そうしたケースではＭＲ

Fが使われていません。

もう一つがMMF（マネー・マネジメント・ファンド）ですが、現在は基本的に利用されていません（外貨建てのMMFには現在も新規募集・運用されている商品が存在します）。MRFと同じように、短期の債券で運用されますが、MRFと異なり、自分で購入する意思を持って買いつけができました。購入してから三〇日未満で解約する場合は信託財産留保額がかかります。こうした特徴から、MRFと対比した時に、証券口座における定期預金と呼ばれていました。

その他、満期になるまでの残り期間が五年以内の国債で運用される中期国債ファンド（中国ファンド）と呼ばれるファンドもありましたが、こちらも現在では基本的に利用されていません。

公社債投資信託以外の、株式を扱うことができる投資信託すべてが株式投資信託になります。つまり、これから投資をはじめる人が自ら意思をもって選ぶ投資信託は、基本的に、株式投資信託になるわけです。

投資信託を選ぶ際、その中身である株式などがどのような性格を持っているかは重要な判断材料です。購入しようとしている投資信託に含まれている株式の特徴を知っておきましょう。

株式はその時価総額や流動性の高さなどによって、大型株、中型株、小型株に分けられます。東京証券取引所では、時価総額が大きく流動性が高い上位一〇〇銘柄を「大型株」、次の上位四〇〇銘柄を「中型株」、それ以外を「小型株」と区分けしています。

時価総額の多い大型銘柄は、長く続いている大企業が多い傾向にあります。すでに発行されている株式の量も多いため、流動性が高く売買がしやすい、かつ、投資の判断材料となる情報も豊富です。中小型の場合は大型に比べると判断材料となるデータは少ないものの、成長への期待感は高く、リスクを取ってこれからの伸びしろにかける銘柄と言えます。

なお、東京証券取引所では二〇二二年四月四日に、**プライム市場**、**スタンダード市場**、**グロース市場**という三つの市場区分に見直しを行います。

分類の基準が変わるため、必ずしも一致はしませんが、プライム市場は流通株式時価総額一〇〇億円以上で大型株的な銘柄が、スタンダード市場では流通株式時価総額一〇億円以上で中型株的な銘柄が、グロース市場では流通株式時価総額五億円以上で小型株的な銘柄が取り引きされます。

運用方式によっても投資信託の性格は変わります。投資家から複数の投資信託（ベビーファンド）としてお金を集めて、ひとまとめ（マザーファンド）にして運用する方式を**ファミリー**

ファンドと呼びます。まとめて運用することで、ファンドの管理コストや売買した際の手数料などを節約し、より効率的に運用することを目指します。

また、投資家から集めたお金を使って、複数の投資信託を購入して運用する**ファンド・オブ・ファンズ**と呼ばれる投資形態もあります。投資信託は株式や債券など、複数の金融商品を扱うことで分散効果を期待する商品だと説明しましたが、ファンド・オブ・ファンズではそうした投資信託を複数購入することでさらに高い分散効果を得ることを目指します。

ただし、分散効果は高まりますが、個人投資家が購入する場合はファンド・オブ・ファンズの信託報酬、その先で購入するそれぞれの投資信託の信託報酬がかかり、手数料が二重にかかる構造となるため、一般的な投資信託よりも手数料が割高になる傾向がある点は注意が必要です。

不動産や商品への投資も

ここまで投資信託の大まかな分類や投資手法の違いなどを解説してきました。

大きくは債券のみを扱う公社債投資信託と、株式も扱うことができる株式投資信託に分けられます。

そして、経済指数を運用方針の指標とするインデックスファンド、運用会社が独自に決めるアクティブファンドの二つに分けられます。

運用方式としては、マザーファンドとしてまとめて運用して、細かい条件が異なるベビーファンドを個人投資家が購入するファミリーファンド方式、投資家から集めたお金を複数の投資信託を使って運用するファンド・オブ・ファンズ方式があります。

投資先によってアセットクラスと呼ばれるグルーピングができることもお伝えしました。アセットクラスのカテゴライズとしては、国内、先進国、新興国という分類、加えてそのそれぞれに株式なのか、債券なのか、といったカテゴリーが存在します。

株式や債券などの有価証券以外にも、不動産を扱うJ－REIT（ジェイリート、不動産投資信託）と呼ばれる投資信託もあります。複数人の投資家から資金を集め、不動産投資法人と呼ばれる企業に出資し、オフィスビルや商業施設、マンションなどの複数の不動産に投資をする仕組みです。オフィスビルだと値動きが活発、マンションだと比較的値動きが安定しているなど、組成されている不動産の種類と市況によって、価格変動の特徴にも違いが生まれます。

全世界の商品市況（コモディティ）に連動することを目指し、小麦やトウモロコシ、金・銀、エネルギーなどの商品を投資対象とする投資信託もあります。

ひとくちに「投資信託」と言っても、その中身の商品や運用方針によって、性格がまったく異なることがよくわかりますね。

バランス型投信のメリットと注意点

こうしたたくさんある投資信託は、株式などのようにどこか一つの銘柄を買うのではなく、グループ単位で購入するという感覚に近いでしょう。

「日本と先進国に一：一くらいで投資をしたいけれども、それぞれ個別株の銘柄を選ぶのは大変だし、一社や二社だけに資産を集中させるのは不安」

という時に、日本株式投資信託と、先進国株式投資信託を一：一で購入することで、ざっくりと行いたい資産の配分を実現させるかたちです。

ただ、日本には約六〇〇〇本の投資信託があると言われているため、自分で複数の投資信託を組み合わせたり、選んだりすることも大変かもしれません。

そうした時に候補になるのが、バランス型投資信託と呼ばれる商品です。バランス型投資信託では、あらかじめ約束された配分で組み合わせた運用を継続してくれ、しかも、その配分が維持されるように調整し続けてくれます。

自分で日本株式二五パーセント、先進国株式二五パーセント、国内債券二五パーセント、先進国債券二五パーセントと四つの投資信託を購入した場合、運用成績によっては資産のバランスが崩れていく可能性があります。均等に二五パーセントずつ投資をしていたつもりだったのに、先進国株式の調子が良く、しばらくして確認すると、日本株式一〇パーセント、先進国株式五〇パーセント、国内債券一〇パーセント、先進国債券三〇パーセントなど、配分が大幅に変わっていた！　といったことも考えられるわけです。

バランス型投信の場合はこうした価格変動も含めて、当初約束した通りの配分になるように売買で調整をしてくれるため、この例だと常に四資産に二五パーセントずつ投資をしていく（商品によって、資産の種類数や配分は異なります）という当初の投資方針を、手間をかけずに維持することができます。

注意点としては、その分、一般的には手数料が高くなる傾向にあること、また、自分が求めていないアセットクラスにも投資をしてしまう可能性があることなどが挙げられます。

とはいえ、投資信託の信託報酬も値下げが続いていて、

・信託報酬が〇・一七四九パーセント以内の「ニッセイ・インデックスバランスファンド（六資産均等型）」

・信託報酬が〇・一五四パーセント以内の「eMAXIS　Slim　バランス（八資産均等型）」

・信託報酬が〇・一五四パーセント以内の「たわらノーロード　バランス（八資産均等型）」

など、省ける手間を考えると十分安価なバランス型ファンドも生まれています。

分配金の落とし穴

基本的には金融商品に良い悪いがあるのではなく、その金融商品が備えている性格を見誤って、得意としていない役割を担当させることや、自分が冷静でいられる金額以上を、冷静でいられる以上の値動きをする商品に充ててしまうことが、投資の後悔のほとんどの原因になっています。しかし、たしかに多くの人にとって注意すべき、合理的ではない、あるいは扱いが難しい商品も存在します。

その一つが、毎月分配金が出るタイプの投資信託です。毎月分配金が出る投資信託は、保有している間、毎月、分配金という名目で証券口座の中の買付余力が増えたり、銀行に振り込まれたりします。定期的にお金がもらえるので、お得なように見えるかもしれません。毎月の家計が助かると思う方もいるでしょう。しかし、長期的なリターンで考えると、分配金が出ることは普通分配金にせよ、特別分配金にせよ有利なことではありません。

なぜかというと、投資信託の分配金は運用で得られた利益も含めた資産総額から支払われるからです。

運用して資産を増やすことを狙っているはずなのに、利益を先にもらってしまっている状態になるのです。支払われた分、資産総額は下がりますから、運用に回すお金も減ってしまい、資産を育てられる可能性が低くなってしまいます。

もし、分配金が支払われず、運用で得られた利益が資産総額に含まれたままになると、先に生まれた利益も運用に回り、また新たな利益の原資となり得ます。これは、複利的な効果が得られることにつながるわけですが、分配金として受け取ってしまうと、その金額は投資に回らないため、複利的な効果を得づらくなるのです。

加えて普通分配金の場合、分配されるたびに税金がかかります。

特別分配金の場合は、分配金に税金がかかりません。これだけ聞くと問題がないように見えるかもしれません。しかし、特別分配金は元本を崩して支払われる分配金です（だから税金がかからない）。出た利益以上に元本を切り崩しているので、一層、投資に回す資金は減り、預けた自分のお金から、手数料だけは支払いつつ、分割でお金を受け取っているだけのような状態にすらなります。

「便利でわかりやすい」がいいとは限らない

手間が省けるバランス型投資信託の中には、**ターゲットイヤーファンド**と呼ばれるものがあります。

「二〇四〇年にポートフォリオを債券七〇パーセント、株式三〇パーセントの配分にして運用を終える」というように、ターゲットとする年を決め、時間の経過とともに配分を変えて投資してくれる商品です。今は株式に多めに投資をして、自分が退職する六五歳になるころには債券比率が高くなるよう、自動的に運用してくれたら便利だと感じる時などに、候補になる商品です。自分の資産状況や、年齢やライフステージなどと合致する場合には、魅力的な候補になるかもしれません。

しかし、一〇年、二〇年経過する中で、もしかすると、今しばらく株を多めに買っておいたほうが有利だと感じるタイミングもあるかもしれません。そうしたタイミングであっても、当初決められた予定通りに債券に振り分けられてしまう場合があり、便利ではあるものの、有利とは限らない可能性があります。

バランスファンドは手間が省けることがメリットではありますが、アセットクラスの組み合わせや、時間の経過とともに、想定している運用方針など、自分で判断して配分したり調整したりする範囲が少なくなるという注意点があります。手間と自分の裁量権を天秤にかけながら、上手に選んでいきたいですね。

その他、ＡＩ投資信託、ＩＴ系投資信託など、特定のテーマや業種に絞って商品を組み入れる**テーマ型投資信託**もあります。こちらも基本的には扱いづらい商品といえます。わかりやすいメッセージ性があるので、選びやすく、買いやすくなりますが、分散投資をするという目的からは外れがちです。複数銘柄に分けて投資をしていたとしても、特定の業界に絞った銘柄が集まっているため、業界全体の動向に値動きが左右されます。

業界全体にとってネガティブなニュースやイベントが起これば、すべての銘柄が同時に下がってしまう可能性があるのです。そのためリスク分散が期待できず、長期で資産形成する際にメインととらえる商品としては向いていません。

コア資産を選ぶ三つのポイント

一般的に好ましいもの、避けたいもの、とお伝えしてくると、自分好みで投資商品を選べないのかと窮屈に感じられるかもしれません。実際には、投資はもっと自由で、お楽しみの要素もあって良いと思います。自由さ、楽しさ、そして自分の資産の堅牢性を両立させるためには「**コア・サテライト戦略**」を検討するのが良いかもしれません。

コア・サテライト戦略とは、自分の資産のうち、コアとなる、中心に据えるべき資産に加え、金額を抑えたサテライト的な商品を組み合わせることで、**堅実な資産形成**（**コア部分で狙**

う）と、**投資の楽しさ（サテライト部分で狙う）を両立する**方法です。

一般的には、これからご紹介する、信託報酬が低いインデックスタイプの投資信託をつみたてＮＩＳＡなどで運用する部分がコアとなり、個別株式やアクティブファンドなどがサテライトになるような組み合わせになることが多いでしょう。

では、コア部分には何を選べばいいのか、検討する際に重要な三つの視点があります。

一つが手数料です。信託報酬などは運用している間ずっとかかるものですから、できるだけ少ないものを選ぶのが無難です。バランスファンドの場合は、ポートフォリオの割合を維持する手間が省けるなど、手数料なりのメリットもあるので、手間と信託報酬の差を天秤にかけて検討しましょう。

二つ目が基準価額のこれまでの推移です。過去の推移を見たからといって未来の動きを予測することはもちろんできませんが、たとえばインデックスファンドの場合、指標とするＴＯＰＩＸや日経平均株価などの指数に近い動きをしているか、確認することはできます。

インデックスファンドは、目標にしている指数に連動することを目指す商品ですから、その指数と不一致があると、予測がつきづらい商品ということになります。ＴＯＰＩＸに連動することを目指したインデックスファンドで、ＴＯＰＩＸが下がっているのに基準価額が上がっていると、一見すると優秀に見えますが、期待している値動きではありません。不確実性が増すと見ることができます。

投資ではゼロにはならない不確実性とどう向き合うかもテーマの一つのため、値動きに不透明さが多いことは、慎重につき合うべき要素になります。ＴＯＰＩＸに連動して下がっているけれど、その下げ幅が控えめで、それが過去に何度も起こっているのならば、多少規則性があり、不確実性が軽減されると見ることもできますね。

逆に、アクティブファンドにおいては、株式相場が下がっている時に基準価額を減らさずに運用できていれば、独自の銘柄選びが効果的に働いていると解釈することもできそうです。過去の値動きから、関連性や規則性を感じ取れるか、チェックしてみましょう。

三つ目が純資産総額です。あまりに少なすぎる場合、相場や基準価額が維持できていたとしても、運用の継続が難しい可能性があります。純資産総額が減り続けている商品は繰上償還されてしまう可能性もありますし、そもそも予定していた満期償還が近づいているのかもしれません。基本的には一〇億円以上を目安に、ある程度純資産総額が多い商品を選ぶのがよいでしょう。

コアにすべき資産は、こうした三つのポイントをクリアする、全世界に投資を行うインデックスタイプの商品といえます。将来、どこが伸びるのかは実際のところ誰にもわかりません。しかし、世界全体に目を通せば、人類はきっと今よりも便利であることや、発展を求めて成長するであろう、と考えて投資先を全世界に広げるという考え方です。

全世界に投資するバリエーション

極端な例ですが、世界も人類も、今後衰退の一途をたどるとしか思えない、という場合は、価格変動がある商品に投資などせず、現預金だけで資産を持っていたほうが良いという考え方もあります。

世界も人類も衰退していくのであれば、景気や物の価値は下がり、今と同じ現預金の額面を守っていれば、購入できるものは増え、自分にとっては有利な将来が来るかもしれません。しかし、そういう将来が来るか来ないか、そして、変動は世界のどのエリアで起こるのか、何も確定ができないため、自分の資産の一部を性格の違う商品に換えて保有するという判断が一つの選択肢になるのです。

コアに据えるべき、全世界に投資ができる商品は大きく三つに分けることができます。

一つ目は、先に出てきたバランスファンドのうち、投資をするアセットクラスの種類が多く、結果的に全世界に投資できるものが挙げられます。具体的な商品だと、

・「ニッセイ・インデックスバランスファンド（六資産均等型）」
・「eMAXIS Slim バランス（八資産均等型）」
・「たわらノーロード バランス（八資産均等型）」

などがあります。

二つ目は全世界株式投資信託です。バランスファンドには各エリアの債券への投資も含まれることが多いです。外国の債券の場合、為替レートの影響を受けるため、国内債券ほどリスクを抑えた運用はできません。どうせそれなりにリスクをとるのであれば、積極的に株式で投資をしていきたい、やや守りの要素が加わる債券に資産を配分したくないという感情も生まれるかもしれません。そうした場合に、全世界株式投資信託が候補になるでしょう。

具体的な商品としては、

・「SBI・全世界株式インデックス・ファンド『愛称：雪だるま（全世界株式）』」
・「eMAXIS Slim 全世界株式（オール・カントリー）」
・「eMAXIS Slim 全世界株式（除く日本）」
・「たわらノーロード 全世界株式」

などがあります。

ちなみに、同じ「ｅＭＡＸＩＳ　Ｓｌｉｍ　全世界株式」でも、本当に全世界の株式に投資をするものと、日本を除くものが準備されています。

今回投資をする投資信託以外の財産がほとんど日本円をベースにした資産であることを踏まえて、これから買う商品には日本の要素を含めず投資をしたいのか、今回買う投資信託でも多少日本の株式にも投資をしたいのかで選ぶことになります。この二つの商品だと日本の株式が六・五パーセント含まれるか、含まれず他のエリアの配分が少しずつ多くなっているかの違いがあります。

三つ目はアセットクラス別の投資信託を自分で組み合わせる方法です。

全世界株式投資信託では、「先進国八七パーセント、新興国一三パーセント（商品によって異なります）」など、あらかじめ決められた配分で投資が行われます。日本株式の比率も、最初に購入した商品次第で決まります。それを、日本株式インデックスファンド、先進国株式インデックスファンドと、それぞれ自分の考える配分で購入するという選択です。

日本株式インデックスファンドの代表的な商品としては、

・「ｉＦｒｅｅ　日経２２５インデックス」
・「ニッセイＴＯＰＩＸインデックスファンド」
・「ｅＭＡＸＩＳ　Ｓｌｉｍ　国内株式（ＴＯＰＩＸ）」

などが挙げられます。日経平均は、東証一部に上場する代表的な二二五銘柄の変動を示す指数、ＴＯＰＩＸは東証一部に上場する全銘柄の変動を示す指数です。分散効果をより期待するならＴＯＰＩＸ、株式の動きに近いものを体感したい、トレーニングしたいという気持ちがあるようであれば日経平均連動の投資信託を選択することになるでしょう。

先進国株式インデックスファンドの代表的な商品としては、

・「ｅＭＡＸＩＳ　Ｓｌｉｍ　米国株式（Ｓ＆Ｐ５００）」
・「ＳＢＩ・先進国株式インデックス・ファンド『愛称：雪だるま（先進国株式）』」
・「たわらノーロード　先進国株式」
・「ｅＭＡＸＩＳ　Ｓｌｉｍ　先進国株式インデックス」

などがあります。ピックアップしたものの中では、「ｅＭＡＸＩＳ　Ｓｌｉｍ　米国株式

（S&P500）」は先進国といってもアメリカに特化した投資信託です。アメリカの主要な銘柄五〇〇の値動きを示す指数であるS&P500に連動する運用を目指す商品だからです。

各商品を選ぶ際には、目論見書などを確認し、自分の意図するアセットクラスに配分できることになるのか気にかけるのがいいですね。

さて、三つ目のコア、自分で組み合わせる場合ですが、「日本株式インデックス投資信託一・先進国株式インデックス投資信託一」などの割合で購入すると、先進国株式が突出して調子が良い時に、そちらだけ多めに買ったり、一部売却したりという選択をしやすくなります。一方で、自分で現在の割合を適宜チェックする必要があるため、手間はかかります。どのくらいエネルギーを注ぎたいかで選択することになります。

組み合わせにおいては、新興国株式インデックスファンドなども選択肢になるかもしれません。

・「eMAXIS　Slim　新興国株式インデックス」
・「ニッセイ新興国株式インデックスファンド」

などの商品があります。これらは、投資に余裕が出てきて、投資をしている資産全体（預貯金などを含む資産全体ではなく）の五パーセント程度を組み入れることができそうであれば検討しても良いですが、日本株式や先進国株式に比べて変動幅が大きなアセットクラスのため、慣れない間、投資する額がまとまっていない間に無理に投資をしなくてもよいでしょう。

例示した商品を見てわかる通り、「ｅＭＡＸＩＳ　Ｓｌｉｍ」や「たわらノーロード」「ニッセイ」など、いくつかのシリーズがあります。そのそれぞれに日経平均連動だけでなくＴＯＰＩＸ連動もあったり、先進国だけでなく米国特化の商品があったりもします。ご紹介した商品以外のものとも、目論見書を見るなどして比較し、違いと自分の意向を探ってみてください。

ＥＴＦも選択肢に

投資をする際には、金融商品のリスクだけでなく、年齢や収入など、自分自身のライフスタイルの持つリスクとあわせて購入する商品を検討する視点もあります。一般的には年齢が若いほど金融商品でのリスクがとりやすく、年を重ねると金融商品でのリスクがとりづらくなります。働いて収入を得られる期間が短くなっていくにつれ、自分のライフステージがかかえるリスクが高まるためです。

そうした視点を踏まえると、年齢が若い時は、二つ目や三つ目の株式中心の投資信託を購入する選択を行うとしても、本書の読者のように年を重ねた方であれば、一つ目のバランスファンドを選択したり、バランスファンドの中でも債券の比率が多いものを検討したりするなどが選択肢に入りやすくなります。

あるいは、投資信託に比べて、すぐに売却できたり、自分の希望する「指し値」で取引ができたりするＥＴＦ（上場投資信託）を候補に加えるのも一案です。アセットクラスとしては三つ目に近いかたちになりますが、ＥＴＦであれば、投資信託よりも現金化できるスピードが速いです。

投資信託の場合は、通常、売却に時間がかかり、その日の基準価額がわからない中で売却の判断をします。ゆったりとした長い期間の中で、どう考えてもおおむね利益が出るだろうと思えるところで少しずつ売却していくことになり、ＥＴＦ以上に時間的余裕がある人が付き合いやすい構造になっています。

ＥＴＦであれば、急に上がったタイミングなどに部分的に売却するなどの対応もとれるため、数十年寝かせておくつもりだった予算の利益を、早めに確定させることもしやすくなります。若い年代の人ほど悠長には待てないかもしれないと感じるなら、金額を抑えてＥＴＦというのも一つの選択肢になりそうです。代表的な商品としては次のようなものがあります。

・「ダイワ上場投信―トピックス」
・「上場インデックスファンド世界株式（MSCI ACWI）除く日本」
・「上場インデックスファンド海外先進国株式（MSCI-KOKUSAI）」

6　取り崩し方

難しい売却のタイミング

投資信託に限らず、個人投資家の場合、投資した商品をそのまま保有し続けるという選択を取ることができます。投資は一〇年や二〇年「待てる」予算を充てることが基本なので、預貯金が準備できている場合は、預貯金のほうを切り崩しながら生活し、購入した金融商品は売らない、というのも個人投資家ならではの選択といえます。

とはいえ、定年前後の世代における投資では、投資信託として蓄えた資産を現預金に戻したり、消費に回したりするタイミングや方法を検討する必要はありそうです。

「待てる」限りは売らないのが基本方針ですが、将来、有料老人ホームに入居したいと考えていたとします。その支払いのまとまった予算は現預金だけでなく、手持ちの投資信託資産からも支払いたいと考えることもあるかもしれません。この場合、現金として活用する二年ほど前から、保有している投資信託の基準価額の値動きを確認し、おおむね高いと感じられる時に売却して現金化できると理想的です。

ここで思い出していただきたいのが、投資信託は値動きする商品であるということ。売却したタイミングの基準価額が高いと思っていたとしても、半年待つと、また高くなる可能性などもあります。二年間猶予をもうけながら、おおむね高いと感じる時に、徐々に売却し、目標とする二年後にひとまとまりの資金を準備するという判断もありそうです。

また、これといって大きなお金を使う予定ではなく、しかし、生活にゆとりを持たせるために、何年もかけて計画的に取り崩し、使っていきたいというニーズもあるでしょう。

こうしたシーンでも、先ほどの、投資信託は値動きをするという特徴を思い出していただきたいです。一気に売却してしまうと、後から振り返るとそのタイミングがとても高く売れた有利な瞬間であった可能性も、安く売って損する瞬間だった可能性もあります。また、すべて売却してしまうと、別に今すぐ使うわけではない資産も投資に回らなくなるため、増やせる可能性を失うことにもつながります。

定額、定口、定率、それぞれのポイント

このような事態を避けるため、まずまずの金額での売却を目指す、定期的に切り崩す方法がいくつかあります。

定期的に切り崩す単位は大きく三つで、一つは定額で切り崩す方法、二つ目は定口で切り崩

す方法、三つ目は定率で切り崩す方法です。

定額で切り崩す方法は、文字通り、毎月三万円分や、毎年二〇万円分といったかたちで決まった金額分、投資信託から売却し、現金に戻す方法です。生活費として上乗せできる金額が、一定の金額で見込めるため、一番わかりやすい方法といえます。

一方で、同じ額を切り崩すため、評価額が高い時には少ない口数を、評価額が低い時には多い口数を売却することになり、持っている資産をできるだけ高く売りたい、と考える観点では不利ですね。

また、毎月や毎年ごとに生活費に上乗せされる金額は読みやすいですが、これを続けることでいつまで資産が持つか、というのは読みづらくなります。どのくらいの口数を消化するかは、売却の都度の評価額に左右されるからです。

定口で切り崩す場合は、毎月三万口分や毎年二〇万口分といったかたちで、決まった口数分、投資信託から売却し、現金に戻す方法です。

先ほどの定額とは違い、持っている口数と消化したい期間で割り算して指定することで、投資信託をすべて売却するタイミングは算段がつきます。ある投資信託を二〇〇万口持っている人が、毎年二〇万口売却したなら、一〇年ですべて売却する算段がつきます。

すべてを売却する期間の希望がある人は、この方法が選択肢になります。ただし、売却によって、毎月や毎年、生活費に上乗せすることができる金額は確定されません。その時の評価額によって、いくらになるかが左右されるためです。

定率で切り崩す方法は、保有している資産の一定の比率を少しずつ売却する方法です。毎年一〇パーセントを売却していくと決め、ある投資信託を二〇〇万口保有していたとします。実際には投資信託の評価額は変動しますが、仮に基準価額がずっと一万円だと仮定すると、一年目は二〇万円分、二年目は一八万円分、三年目は一六・二万円分が手元に入ります。

その時の評価額に一定比率を掛ける計算が通常なので、評価額が高い時にはその運用の好成績を享受できる高めの受取金額になり、逆に評価額が低い時には受取金額も少なくなります。ベースになる資産も変わる上に、同じ比率を掛けた手元で現金化される金額も毎月、毎年異なるため、家計のやりくりという視点では、扱いづらいともいえます。

また、後半になるほど、ベースとなる資産が少なくなるため、その月、その年に現金として入ってくる金額は少なくなっていく傾向になります。運用の成績が順調で、少しでも運用を続けたいと考えている時に選択肢になる切り崩し方法といえそうです。

証券会社によっては、これらの定期的な売却をあらかじめ設定しておくことで、自分で計算して売却操作をしなくても、自動的に計画的な売却が行われるサービスもあります。現状だと、定額による定期的売却サービスが多いため、手間をかけないという意味では、定額を選択するシーンが多いかもしれません。

今後、定期売却のサービスの幅は広がっていくことが期待されている（楽天証券では二〇一九年一二月末から三つとも選べるようになっています）ので、自分が定期的な売却を考える際に、他の方法が選べるようになっていないかも確認されるのが良いでしょう。

お金を使いたいタイミングでは売ってもいい

資産運用において商品を購入するタイミングは、数値分析をしたり、用意できる資金で判断したりできますが、売却で成功するのは「**買いは算術、売りは芸術**」という格言があるほど、非常に難しいとされています。

ただ、**投資信託による資産形成は、値段は一日に一つしか決まらないという商品の特性を考えても、激しい売買を想定するものではなく、景気や物価の長期で見た時の大きな動きに、自分の資産をある程度沿わせることを目的としている**ともいえるでしょう。

そのため、基本的には持ち続けるコンセプトで続け、実際にお金を使いたい局面で、定期的な売却などを通して現金化して、消費に充てていけるとよいですね。

なお、著しく評価額が高く、これは利益が出そうだからどうしても売りたい、と感じる時に、多少売却して足元の利益を確定し、利益の実感を得ることも悪いことではありません。評価額が二割増しや五割増しになった時などは、一部だけ売ってみてもよいかもしれませんね。

売却については、どの口座で運用しているかによっても判断が変わることがありそうです。はじめて投資を行う人にイチオシの制度「つみたてＮＩＳＡ」では、運用益が非課税になる期間は二〇年です。以降、利益に課税があると考えると、二〇年を迎える少し前、たとえば運用開始一八年目あたりから、少しずつ売却をすることを検討したくなるかもしれません。

次章では、そう判断したくなる理由も含め、各種税制優遇口座の使い方やメリットなどをくわしく見ていきます。

第四章

味方にしたい税制優遇口座

1　アセットロケーション（資産の置き場所）も重要

ここまでは細かい商品の紹介や、王道とされるインデックスタイプの投資信託とはどのようなものかなどを解説してきました。投資信託を説明する際、どのアセットクラスに投資をしているのか、その配分や調整を気にかけるアセットアロケーションが大事だという話もしました。

じつはそれ以外にも、資産をどういった口座で管理しておくのか、つまり、**置き場所**も重要なのです。

こういった口座・置き場所の選定は、場所＝ロケーションのため、アセットアロケーションをもじってアセット**ロケーション**と呼ぶこともあります。近年、特定口座やＮＩＳＡ、ｉＤｅＣｏ（個人型確定拠出年金）など、資産の置き場所が増えてきて、その優先順位が気になるシーンも出てきました。

ＮＩＳＡは投資の運用益が非課税になる税制優遇口座です。ＮＩＳＡにはいくつか種類があり、成人が利用する一般ＮＩＳＡやつみたてＮＩＳＡの場合、すでに説明しましたが、一般Ｎ

ＩＳＡでは年一二〇万円まで、つみたてＮＩＳＡでは年四〇万円までと、一年間に投資ができる上限額が決まっています。非課税になる期間は一般ＮＩＳＡでは最長五年、つみたてＮＩＳＡでは最長二〇年ですが、途中で売却することもできます。

ｉＤｅＣｏもまたＮＩＳＡと同様、税制優遇口座ですが、原則六〇歳まで引き出せないという特徴があります。ライフイベントの多い、二〇〜三〇代の方が利用するのと、五〇代の方が利用するのとでは使い勝手が変わってきます。

一般口座や特定口座の場合は、税制優遇制度は適用されませんが、取引の上限額は設けられていません。また、いつでも売買は可能です。一般ＮＩＳＡやつみたてＮＩＳＡで運用をしていた人が、それぞれの上限額を超えて投資したい場合にも、これらの口座を利用して投資を行うことになります。

このように資産の置き場所にはそれぞれメリット・デメリットがあります。どこの口座にどういった用途の予算を置いておくのか、年齢に応じて優先順位をどう変えるか、アセットロケーションも考えておくことが大切です。

それぞれの税制優遇口座の特徴について、もう少しくわしく見ていきましょう。

2　NISAとは

非課税の枠と期間

ＮＩＳＡ（一般ＮＩＳＡ）は二〇一四年からはじまった制度です。正式には少額投資非課税制度と呼びます。

個別銘柄や投資信託、ＥＴＦ、ＲＥＩＴなど、幅広い商品を購入することができ、売却して現金化するタイミングも投資家が自由に選ぶことができます（原則の非課税期間は最長五年間）。

通常、投資で得た利益に対しては約二〇パーセントの税金がかかります。六〇万円投資したとして、一〇〇万円に増やせた場合、増加分の四〇万円に課税され、約八万円納税しなくてはなりません。ＮＩＳＡであれば、非課税になるため、この分の税金は支払わなくてすむ、というわけです。

非課税で投資できる金額は年間一二〇万円と決まっています。この範囲内であれば、投資で得た利益はすべて非課税となります。

ただし、この非課税枠は一度使ったら復活はしません。三〇万円分の株式を購入したとすると、残りの非課税枠は九〇万円になります。仮にこの後、購入した三〇万円分の株式を売却したとしても、この年の非課税枠はもとには戻りません。

つまり三〇万円をベースに売買を繰り返して、四回行ったなら、一二〇万円分を使い切る可能性があるのです（元手の三〇万円が売買の都度、損益が発生する可能性があるため、必ずしも四回とは限りませんが）。

非課税で運用ができる期間にも期限があります。

期限は原則、その資金を投資してから五年間です。毎年新たな一二〇万円の枠が発生するため、二〇二一年に投資をした最大一二〇万円は二〇二五年まで非課税で、二〇二二年に投資をした最大一二〇万円は二〇二六年まで非課税で運用を行うことができます。この五年が終了するタイミングで、一般口座や特定口座など課税される口座に移管するか、移管前に売却するか、翌年に新たに発生する非課税枠に移管（**ロールオーバー**）するかを選択することになります。

ロールオーバーを選択した場合、さらに五年間の非課税運用をつづけることができます。二〇二一年に投資をした資金は二〇二五年で五年の非課税期間を使い切りますが、二〇二六年に新たに発生する非課税の枠にその資産を移管することで、さらに五年間の非課税での運用を続けることができるわけです。なお、現行の一般ＮＩＳＡは二〇二三年までで、二〇二四年からは新ＮＩＳＡ（後述）と呼ばれる新たなかたちとなって、二〇二八年まで継続される予定です。そのため、これから一般ＮＩＳＡで投資を行い、非課税期間の五年を経過し、ロールオーバーをするとしたら、そのロールオーバー先は新ＮＩＳＡの口座になります。

相殺や期限の注意点

購入できる商品は、先述した通り、株式や投資信託、ＥＴＦ、ＲＥＩＴなど幅広い商品をスポット購入できるだけでなく、商品によっては投資信託の積立購入も可能です。

そのため、

「私、つみたてＮＩＳＡで年間一二〇万円、満額投資しているんです！」

と話される方がたまにいらっしゃるくらいです。その場合は、恐らくつみたてＮＩＳＡではなく、一般ＮＩＳＡで年一二〇万円の積立投資を行っているものと考えられます（つみたてＮＩＳＡの年間投資可能額は四〇万円のため）。

注意点についても確認していきましょう。**一般ＮＩＳＡで運用している商品の損失は他の口座で運用している商品の利益と相殺できない**ルールになっています。

一般口座や特定口座など、課税される口座で運用している場合、口座Ａで利益が二〇万円出ても、口座Bで損失が二〇万円出ていれば、確定申告で損益を相殺することができます。つまり、この事例だと利益はプラスマイナスゼロとなるため、課税されません。

こうした仕組みを**内部通算**と呼びます。

一般ＮＩＳＡを利用している場合、非課税になる分、内部通算もできません。一般ＮＩＳＡで四〇万円損失が出たとして、別の口座Bで利益三〇万円が出た場合、一般ＮＩＳＡの損失と口座Bで得た利益は合算できないので、Bの利益三〇万円に対して約二〇パーセント課税され、約六万円税金を支払うことになります。

一般ＮＩＳＡでの運用成績は、損も得もカウントしないような考え方になっています。

また、五年経ったタイミングで、通常の口座に移管する際にも注意が必要です。

一般ＮＩＳＡで購入した二〇万円の株式があったとします。そして、五年の間に二〇万円から一六万円に株価が下がってしまっていたと仮定しましょう。この下がっているタイミングで通常の口座に移管した場合、その株式の取得額は一六万であるものとして移管されてしまいます。そのため、移管されて以降、本当の購入金額である二〇万円に株価が戻った場合、四万円値上がりしたという計算となり、売却時には売却益となる四万円が課税対象となってしまうのです。

実際は利益が出ていないにもかかわらず、税金を払わなければいけなくなってしまう可能性があるわけですね。

判断のスピードも、一般ＮＩＳＡでは早く感じる人が多いのではないでしょうか。一般ＮＩＳＡの場合、五年という非課税期間の制限があるため、それより少し前の段階で売却して利益を確定させるか、投資を続けるかの判断をしなくてはいけません。

ロールオーバーを使うことで、原則の最長五年より延長できる可能性はありますが、その場合、本来発生する新たな非課税の投資枠を使ってしまうことになります。

そのため、より多くの資金を非課税で投資しようと思う場合、やはり結局五年という非課税期間を一つの単位として、できるだけ五年以内に何らかの判断を行う可能性が出てきます。

基本、五年以内で利益が出ている時に売却、どうしても損失が出ている銘柄だけロールオーバーで延長、などの判断になることが多いでしょうか。

そうしたことを考えると、こまめに資金の出し入れをして、判断ができるという人や、投資をむしろ楽しいと感じている人に、一般ＮＩＳＡは向いているでしょう。できれば投資にエネルギーを注ぎたくない、一〇年、二〇年と長期的に値動きを見守りたい、資産を守るために投資をしているので、そんなに頻繁に売り買いの判断をしたくない、という場合には一般ＮＩＳＡは忙しく感じるかもしれません。

3　つみたてＮＩＳＡ

つみたてＮＩＳＡは二〇一八年からはじまった制度です。こちらは年間四〇万円（月額約三・三万円）までの非課税枠で、その資金を投資してから二〇年間、非課税で運用できる制度です。二〇年間経つと、一般口座や特定口座に移管されます。つみたてＮＩＳＡには、一般ＮＩＳＡのようなロールオーバーの仕組みはありません。

名前からわかる通り、基本的に自動での積立購入しかできず、扱っている商品も投資信託が中心です。商品の種類は一般ＮＩＳＡと比べると少ないですね。購入できる投資信託の数も約二〇〇本です。日本には、投資信託が約六〇〇〇本あると言われているので、かなり絞り込まれていると見ることもできますね。

つみたてＮＩＳＡで購入できる投資信託は、金融庁が定めた手数料や運用期間など、長期的に運用するのに向いているとされる条件を満たした商品に限定されています。

運用できる期間が無期限または二〇年以上あること、毎月分配型ではないこと、ヘッジ目的を除くデリバティブ（金融派生商品）取引を行っていないことなども条件とされています。

インデックス投資信託では販売手数料がかからないもの、アクティブ投資信託などでは純資産額が五〇億円以上であるもの、ETFでは指定された指数に連動するものであることなど、商品分類別にも細かく要件が定められています。

もちろん、金融庁の基準を満たした投資信託だからまったくもって安全、というわけではありません。損をすることや、含み損（取得額より評価額が低くなっているが、売却をしていないため損が確定しているわけではない状態）を抱える時期もあるでしょう。

ただ、六〇〇〇本もある投資信託の中で、何から手をつけてよいかわからないはじめての人が商品を選ぶことに比べると、絞り込まれた商品から選べばよいため、投資を始めやすい制度設計になっていると言えます。

つみたてNISAの対象商品に求められたこれらの基準は、金融庁が投資をするのに望ましい要件であると考えていると見ることもできます。一度購入して理解しておけば、一般口座や特定口座で商品を選択する際の判断の材料にもなるでしょう。

一般NISA、つみたてNISAは両方を同時に利用することはできません。すでにいずれかの口座で投資を行っている場合は、その年の一〇～一二月に、翌年利用する口座を指定することができます。

現在一般NISAを行っている人が、翌年つみたてNISAに切り替えたい場合は、今年の一〇～一二月に証券会社に手続きをするかたちですね。

まだ資金を投資していない場合は、一～九月であれば、今年運用したいＮＩＳＡ口座を選択して証券会社に手続きをとることで、選んだ口座で今年の運用をスタートすることができます。

4　二〇二四年から新ＮＩＳＡがはじまる

ちょっと複雑　二階建て構造

二〇二〇年度の税制改正で、これまでの一般ＮＩＳＡは、新ＮＩＳＡという新しいかたちとなって五年延長（二〇二三年→二〇二八年）されることが決まりました。新ＮＩＳＡのスタートは二〇二四年、口座開設・投資可能期間は二〇二八年までを予定しています。

新ＮＩＳＡは二階建て構造になっていて、現在の一般ＮＩＳＡとつみたてＮＩＳＡの両方の特徴を取り入れたような仕組みになっています。年間に投資できる金額の上限は一二二万円で、つみたてＮＩＳＡ対象商品が購入できる一階部分と、株式など一般ＮＩＳＡ相当の商品を扱える二階部分に分かれています。

非課税期間は一階部分、二階部分ともに五年間。一階部分では年間二〇万円まで、つみたてＮＩＳＡと同じ商品が積立購入できます。二階部分の一〇二万円は一般ＮＩＳＡと同じような使い方ができますが、高レバレッジ投信などのハイリスクな商品が除かれています。

原則としては、二階部分の投資を行うには、一階部分の積立投資をする必要があります。すでに一般NISAなどを利用して投資をしていて、新NISAでは株式など二階部分の取引のみ行いたいという場合は、申請することで二階部分のみの投資をすることもできます。

この場合、利用できる非課税枠は二階部分の一〇二万円分のみになります。そのため、現在の一般NISAの年間一二〇万円よりも、少し、非課税で投資できる枠が小さくなります。


これまでは、現在の貯蓄額や資産全体を考えて、投資信託や株式投資などの投資商品の割合を自分で判断する必要がありました。コア・サテライト戦略などを使って、積立部分と株式投資などを自分で使い分けるなどもその一環だったといえます。

新NISAでは、非課税枠の中にあらかじめ積立投資の枠を確保しつつ、株式も扱えるかたちとなり、最低限のベース（コア）となる積立投資を、やや強制的に行う仕組みになっていると言えます。ちなみに、一階部分の二〇万円は、必ずしも使い切らなくても、一部利用することで二階部分の投資枠を使うことはできます。

すでに一般NISAを利用している人に配慮をしながら、投資初心者の人が王道の積立投資をしつつ、より高度な個別銘柄への投資などをしたくなった場合に、そちらも税制優遇された口座で挑戦できるという制度設計となっています。

気をつけたいロールオーバー

新ＮＩＳＡの登場で、ロールオーバーの仕組みはやや複雑になっています。

一般ＮＩＳＡを利用していて、二〇二四年以降にロールオーバーを迎える場合は、受け入れ先は新ＮＩＳＡになります。

二〇一八年に一般ＮＩＳＡで運用を開始した資金は二〇二三年に発生する一般ＮＩＳＡの枠にロールオーバーをすることができます（一回目のロールオーバー）。さらに、二〇二三年に受け取った資金は、二〇二八年に発生する新たな非課税枠に二回目のロールオーバーをすることができますが、この時の受け取り口座は新ＮＩＳＡの二階部分（一〇二万円を超える場合は一階部分も利用）になるわけです。

このケースだと、二〇一八年に投資したある資金は、最長で一五年間、非課税で運用できる計算になります。二〇一八年以前に一般ＮＩＳＡで投資をした資金も似た流れになる可能性がありますね。

新ＮＩＳＡの一階部分から、つみたてＮＩＳＡへのロールオーバーも可能です。この場合は最長で二五年間（新ＮＩＳＡで五年間＋つみたてＮＩＳＡで二〇年間）、非課税枠で投資をすることができる計算になります。

なお、ロールオーバーした際の取得価格は、取得当初と変わらない**簿価**（企業の会計帳簿に記載されている資産取得のための支出などの価額。市場価格や評価額と異なることも多い）になります。

また、ロールオーバーでは基本的にすべての資金を受け取ることができますが、受け取った年に新たに投資ができる空き枠を計算する際は、その時の**時価**を使います。

一般ＮＩＳＡで一二〇万円の投資をして、ロールオーバーする際の評価額が一三〇万円に上がっていた場合、年間非課税枠一二二万円の新ＮＩＳＡで全額を受け取ることができますが、一二二万円を上回る資金を受け取るため、その年は追加の投資を行うことができません。同じケースで一二〇万円の資金を投資していたとしても、その時の評価額が六〇万円などに減っていれば、残りの六二万円（一二二万円マイナス六〇万円）の投資を、ロールオーバーされた年の新ＮＩＳＡ口座においても行うことができます。

ここで少し特殊なのが、新ＮＩＳＡの一階部分から、つみたてＮＩＳＡにロールオーバーするケースで、この場合は、空き枠も**簿価**で計算します。新ＮＩＳＡの一階部分の投資可能額は年間二〇万円のため、その二〇万円が三〇万円や四〇万円など、どれだけ増えていてもつみたてＮＩＳＡで受け取ることができます。

さらに、空き枠も簿価で計算するため、ロールオーバーを受け取った年にも新たに少なくとも二〇万円（つみたてＮＩＳＡ年四〇万円マイナス新ＮＩＳＡ一階部分二〇万円）の投資を、つみたてＮＩＳＡ口座内で行うことができるのです。

こうした内容を見ていても、やはり、積み立てをベースにした投資を推進したい動きがあること、また、各種ＮＩＳＡはつみたてＮＩＳＡに集約させていきたい動きなのではないかと感じることができます。

5　確定拠出年金とは

税制優遇のポイント

ＮＩＳＡ以外に税制優遇が受けられる口座として確定拠出年金があります。

つみたてＮＩＳＡははじめての人にとってイチオシの制度だとお伝えしましたが、**定年前後の世代の方は、つみたてＮＩＳＡ以上に、まず確定拠出年金をフルで使いこなすことを検討されるのが有利**と考えられます。その理由について、整理していきましょう。

確定拠出年金は二〇〇一年に開始された制度です。

第一章では、私たちの平均余命が延びており、九〇歳くらいまで生きることも当たり前になってきていると解説しました。これまで通り、六〇歳でリタイアすると仮定すると、セカンドライフの期間は長くなります。リタイア後の主な収入源となるのが年金ですが、少子高齢化により、実質的に目減りしていく傾向にあります。公的年金制度を利用するだけでなく、自分の力でもセカンドライフの資金を用意する必要性が高まっています。こうした背景で作られたのが確定拠出年金制度なのです。

確定拠出年金は大きく分けて二つあります。

一つは勤務先が従業員のために制度を利用しているものです。これは**企業型確定拠出年金**と呼びます。アメリカの確定拠出年金制度になぞらえて日本版401kやDC（Defined Contribution）と呼ばれることもあります。企業が制度を用意していないと加入することができません。もう一つは**個人型確定拠出年金**（iDeCo）ですが、のちほど説明します。

企業が掛け金を毎月拠出し、加入者である従業員が、自ら資産の運用を行います。企業が拠出する金額は一定のルールで確定していますが、受け取る金額は従業員自らが選ぶ金融商品によって変動があるため、確定（した）拠出（額の）年金というわけです。企業が拠出する金額に加えて、企業が拠出する金額を超えない範囲で加入者が別途掛け金を上乗せできる、マッチング拠出と呼ばれる制度を採用している企業もあります。

確定拠出年金で拠出できる上限額は、確定給付企業年金（給付されるほうの金額が一定のルールで確定している企業年金）など、他の企業年金制度がある場合で月二万七五〇〇円（二〇二四年一二月からは、月五万五〇〇〇円から、実際の掛金相当額を差し引いた額が上限となるよう統一される予定）、他の企業年金制度がない場合で月五万五〇〇〇円です。これは、マッチング拠出で本人が上乗せして拠出する金額も含めての上限額となります。

確定拠出年金の税制優遇措置は大きく三つです。

・各種NISA同様、運用して利益が出た時にかかる約二〇パーセントの税金が非課税であること

・受け取る時には受け取り方に応じて、退職所得控除、公的年金等控除の対象になり、課税されづらいこと

・企業型確定拠出年金のマッチング拠出や、後述する個人型確定拠出年金（iDeCo）で拠出した全額が所得控除になり、現役時代の節税につながること

確定拠出年金制度を使って運用できる商品は、元本が保証されている「**元本確保型**」と、価格が運用成績によって変わる「**価格変動型**」があります。両方を併用することも可能です。元本確保型の場合は主に保険や定期預金などの商品を、価格変動型の場合は主に投資信託を購入できます。

iDeCoも企業型確定拠出年金と同様に運用益は非課税、受け取り方によって各種控除が受けられ、掛け金は全額所得控除というメリットがあります。もともと企業年金のある会社員や、専業主婦は加入できませんでしたが、二〇一七年一月から適用枠が拡大され、六〇歳未満で国民年金を支払っている人は誰でも加入できるようになりました。

ただ、現時点では企業年金のある会社員においては、企業が拠出する金額について、規約で上限を定めなければ、ｉＤｅＣｏに加入できないという制限があります。

企業はあえて上限額を規約では定めず、勤続年数に応じて拠出額を変えているケースがあります。この場合、勤続年数が短い人などにおいて、必ずしも上限いっぱいまで拠出されていないケースもあるわけです。本人が、企業が拠出してくれる金額と合計して月二万七五〇〇円や月五万五〇〇〇円の上限いっぱいまで将来の備えを行いたい、そのためにｉＤｅＣｏに加入して金額を近づけたい、と希望していても、勤務先の年金制度によってはｉＤｅＣｏに加入ができないケースがあるのです。

この制限は二〇二二年一〇月に緩和され、企業が上限額を規約で定めていなくても、一定の限度額の範囲内であれば、ｉＤｅＣｏに加入できるようになります。そのため、二〇一七年の**タイミングでｉＤｅＣｏへの加入を検討し、勤務先に確定拠出年金の仕組みがあるために開始できなかったという経験がある人も、二〇二二年一〇月以降に、今一度検討する価値があります。**

退職所得控除

ｉＤｅＣｏの拠出可能額は、働き方や勤務先の企業年金の仕組みによって異なります。

自営業者の場合は最大で月額六万八〇〇〇円（年間八一・六万円）。

会社員だと、確定給付企業年金がある場合で月額一万二〇〇〇円（年間一四・四万円）、企業型確定拠出年金のみがある場合で月二万円（年間二四万円）、企業年金がない場合で月二万三〇〇〇円（年間二七・六万円）拠出できます。

公務員は月一万二〇〇〇円（年間一四・四万円）、専業主婦は月二万三〇〇〇円（年間二七・六万円）まで拠出できます。


なお、自営業者については、さらに別の制度で、小規模企業共済も併用で加入できます。

小規模企業共済は中小機構（独立行政法人　中小企業基盤整備機構）が運営する制度で、個人事業主などの積み立てによる退職金制度です。月々の掛け金は一〇〇〇円から最大で七万円（年間最大八四万円）まで、五〇〇円単位で設定できます。二〇年以上の加入で元本が確保できるほか、積み立てた金額に応じて貸しつけが受けられる制度もあります。

小規模企業共済の掛け金も、確定拠出年金と同様に全額所得控除されます。

そのため、自営業者がｉＤｅＣｏと小規模企業共済の両方とも上限まで利用すると、最大年間一六五・六万円の所得控除を受けることができます。事業が安定して黒字が順調に出ている個人事業主などでは、ぜひ併用を検討したいですね。

さて、拠出して運用したお金は、原則六〇歳になると受け取ることができます。受け取る際は、先述の通り、一時金として受給する場合は退職所得控除が、分割で受給する場合は公的年金等控除が適用されます。

勤務先が準備してくれている退職金と、一括で受け取る確定拠出年金は、どちらも退職所得控除を利用できます。この時、企業の退職金は過去四年さかのぼって合算し、確定拠出年金は過去一四年（二〇二二年四月からは過去一九年）さかのぼって合算します。つまり、確定拠出年金の一括受け取りを先に行い、五年あけて企業の退職金を受け取るなどの調整ができれば、合算されず、それぞれ退職所得控除を満額使えることになります。

退職所得控除は勤続（あるいは確定拠出年金の加入）二〇年までは毎年四〇万円が、以降は毎年七〇万円が積み上がっていきます。

大卒で六〇歳まで勤続年数三八年で退職した場合、退職所得控除額は二〇六〇万円（二〇年×四〇万円＋一八年×七〇万円）になります。

仮にこの時の退職金が二五〇〇万円だった場合、退職所得控除額を差し引いた残りの四四〇万円の半額である二二〇万円が課税の対象となります。

退職金とみなされて、退職所得控除が利用できる計算は、かなり税額が抑えられることがわかります。

もう一つのケースを計算してみましょう。同じ勤続年数で、企業の退職金が二〇〇〇万円、確定拠出年金は四五歳から加入していて五〇〇万円分あるとしましょう。

退職金の二〇〇〇万円を先に受け取った場合、残りの控除額は六〇万円です。退職所得控除の枠は退職金と確定拠出年金で共有されるので、確定拠出年金の五〇〇万円から残りの控除額六〇万円を引くと、四四〇万円が残ります。この半分の金額である二二〇万円が課税対象となる所得になります。

退職金の受け取りが六〇歳だった場合、確定拠出年金の受け取りが七五歳になるまでは、おおむね似た計算となります。確定拠出年金の場合は、過去一四年さかのぼって合算するため、こうなるわけですね。

逆に確定拠出年金の五〇〇万円を先に六〇歳で受け取り、企業の退職金を六五歳で受け取ることにした場合はどうなるでしょうか。

まず確定拠出年金の受け取りの際には加入年数一五年分（四五〜六〇歳の加入）の退職所得

控除枠六〇〇万円が利用できます。確定拠出年金の五〇〇万円は、退職所得控除枠の範囲内であるため、課税されません。次に退職金を受け取った場合、退職金は過去四年までしかさかのぼって合算しないため、退職所得控除枠は二〇六〇万円がそのまま利用できます。退職金は二〇〇〇万円で、退職所得控除額の範囲内なのでこちらも課税されません。

一五年（二〇二二年四月以降は二〇年）空けて受け取る調整よりも、五年空けて受け取る調整のほうができる可能性が高いため、一般的には、確定拠出年金を先に受け取るほうが退職所得控除を生かしやすいと考えられます。

勤務先が許すならば、先に確定拠出年金を、その後にずらして退職金を受け取るよう調整できないか、検討してみましょう。

課税されるタイミングを有利に

現在は六〇歳未満の加入となっている確定拠出年金ですが、二〇二二年五月からは、六五歳未満まで加入できる可能性が生まれます。会社員として勤めている六五歳未満の人や、任意加入で国民年金に加入している六五歳未満が対象です。まだまだ元気で働きたい、将来の備えを手厚くしたいと希望する場合に、準備期間を延長することも選べるようになるわけですね。

分割で受け取る場合の公的年金等控除は、受給する公的年金とあわせて、六五歳未満だと年間六〇万円までが、六五歳以上だと年間一一〇万円までが非課税となります（それを超える場合、金額に応じた控除額が差し引かれて税金の計算を行います）。

一括で受け取る場合は、退職所得控除額を差し引かれた上で、その「半額」が課税対象になります。分割で受け取る場合は、公的年金とあわせて一定の控除の後、税金の計算がなされます。

ざっくりと考えるならば、退職所得控除額の範囲内は一括で受け取り、残りは分割で受け取るなどの受け取り方法が考えられますが、自分の数字でどういう受け取り方が有利なのか、少しずつ情報を整理しながら検討しておきたいですね。

税金については、住所地を管轄する税務署や、日本税理士会連合会の相談窓口が頼りになります。

なお、各種ＮＩＳＡにおいては、受給時（売却して手元に戻す際）に、そもそも課税対象とはなりません。確定拠出年金では退職所得控除や公的年金等控除などの各種控除が使えるとはいえ、それを上回ると課税対象となる点は、各種ＮＩＳＡより不利に見えるかもしれません。これについては、後述する、現役時代の所得控除による減税とセットで考えると良さそうです。

拠出した金額が全額所得控除され、現役時代の減税につながり、受け取るタイミングでは一定の控除の上、課税対象となる。つまり、課税されるタイミングが繰り延べられたり、納める税額が軽減されたりする効果があるととらえると、実態に近いのではないでしょうか。

原則六〇歳まで引き出せないという確定拠出年金の特徴は、まとまった資金を必要とするライフイベントがまだ多く発生する可能性が高い若年層には、やや重たい仕組みです。

一方で、受け取れるタイミングが比較的近い五〇代、六〇代であれば、元本確保型商品が選べることや、後述する現役時代の減税効果を考えると有利だと考えられます。

加入年数によっては、受給開始年齢が六〇歳よりさらに後ろ倒しになる可能性についても補足しておきます。確定拠出年金は一〇年以上加入している場合に、六〇歳から受給できます。加入年数が一〇年未満の場合は、その年数に応じて受け取り開始ができる年齢が繰り下がっていきます。

八年以上一〇年未満では六一歳から、六年以上八年未満は六二歳から、四年以上六年未満は六三歳から、二年以上四年未満で六四歳から、一年以上二年未満で六五歳から、以降七〇歳（二〇二二年四月からは七五歳）までは加入者が自由に選ぶことができます。

七〇歳までに受け取り方法を指示しなかった場合は、一括での受け取りとなります。一方、いつ受給を開始するかは申請制です。受給可能な年齢になれば自分で選ぶことができます。

図表４　税制優遇口座の比較

制度の名前	確定拠出年金	一般NISA	新NISA	つみたてNISA
口座開設、維持手数料	個人型（iDeCo）はかかる。金額は金融機関によって異なる	かからない	かからない	かからない
拠出時の所得控除	全額所得控除	×	×	×
運用中の非課税	○	○	○	○
給付時の減税措置	課税対象 （一時金では退職所得控除、分割では公的年金等控除が利用できる）	課税対象外	課税対象外	課税対象外
上限額（年間）	会社員は14.4万円、24万円、27.6万円、自営業者は81.6万円など（iDeCo）	120万円	122万円	40万円
非課税期間	原則60歳まで （70歳※までは引き出さず非課税で運用継続可能） ※2022年4月からは75歳	原則5年間 （ロールオーバー利用可能）	原則5年間 （ロールオーバー利用可能）	最長20年間 （ロールオーバー制度なし）
引き出し制限	原則60歳まで引き出し不可	なし	なし	なし
購入できる商品	定期預金、保険、投資信託など	株式、投資信託など	（一階部分）つみたてNISA対象の投資信託 （二階部分）一般NISA対象商品から高レバレッジ投信などを除いた商品	金融庁が定めた基準をクリアした投資信託（約200本）
その他	2022年5月からは65歳未満まで加入可能になるケースも	つみたてNISAとの併用は不可	一階部分はつみたてNISAへのロールオーバーが可能	一般NISAとの併用は不可

6 見逃せない手数料　拠出額を上げ、負担割合を下げたい

個人型のｉＤｅＣｏについては、手数料も見逃せないポイントです。

ｉＤｅＣｏをはじめるにあたって、口座開設手数料が最低でも二八二九円かかります。これはｉＤｅＣｏを運営する国民年金基金連合会に対して支払うもので、証券会社や銀行によっては別途一〇〇〇円程度の手数料が上乗せされる場合があります。

また、毎月積み立てを行う場合は、手数料が年間で二〇五二円（月一七一円）かかります。このうち、一二六〇円（月一〇五円）は運営元である国民年金基金連合会に支払われ、残りの七九二円（月六六円）は、預けられたお金を管理する信託銀行に支払われます。国民年金基金連合会に支払われる年一二六〇円（月一〇五円）は、積み立てを行う月に発生します。そのため、ｉＤｅＣｏの積み立て（拠出）頻度を、年に一回にまとめると最低限かかるコストは年間八九七円（信託銀行に支払う七九二円＋国民年金基金連合会に拠出月に支払う一〇五円）に抑えられます。

こちらも口座開設手数料と同じく、利用する証券会社や銀行によっては、別途年間四〇〇〇

円程度手数料がかかる場合があります。

iDeCoは月々五〇〇〇円からはじめることはできますが、拠出する金額が少ないと、これらの手数料の比率が相対的に高くなってしまいます。

拠出額に対する手数料の割合を下げるには、できるだけ自分が拠出できる上限額いっぱいまで拠出することを目指したほうが効果的です。手数料に負けない減税効果や、資産防衛を目的にするのであれば、少なくとも毎月一万円以上の拠出額を目指せると理想的です。

7　定年間際の世代が確定拠出年金（ｉＤｅＣｏ）をはじめるメリット

今、定年を間近に控える本書の読者の中には、まったく投資をしてこなかった方もいるかもしれません。中には、年齢を考えると一〇年も利用できない、やる価値があるのだろうか、と思う人もいるかもしれません。しかし、受給できる年齢が近いことや、元本確保型商品が選べることに加え、現役時代の節税効果を考えると、むしろ定年間際世代こそ、ｉＤｅＣｏは向いていると考えられます。

たとえば、毎月二万円、年間二四万円をｉＤｅＣｏに拠出したとします。すると、二四万円全額が所得から控除されます。その結果、年収七〇〇万円、所得税率二〇パーセントの人の場合、所得税額は四万八〇〇〇円（二四万円×二〇パーセント）安くなります。住民税は一律で一〇パーセントですから、二万四〇〇〇円安くなります。合計だと年間七万二〇〇〇円分の減税効果があるのです。

年間二四万円を将来のために積み立てて、そのうち三〇パーセントにあたる七万二〇〇〇円が減税されるため、銀行預金の金利などを考えると効果が絶大であることを感じていただけるのではないでしょうか。

すでにいくらかの預貯金がある人が、その預貯金からｉＤｅＣｏで定期預金を毎月二万円積み立てたとします。感覚としては、お金をそこにスライドしただけですが、それだけで毎年七万二〇〇〇円の税金が浮くと思うと、かなりお得ですね。

所得控除に紐付く減税効果は、年収が高く所得税率が高い人ほど大きくなります。

定年間際は、一般的には人生全体で見たときに所得税率が高い可能性があります。若年層にとっては重たい制度設計のｉＤｅＣｏですが、定年が近い世代にとっては強い味方になりそうです。

8 NISAとiDeCo どちらを優先させるべき？

最強の組み合わせとは

各種NISAやiDeCoを使って投資するのであれば、それぞれのメリットとデメリットをきちんと把握することが大切です。まだ比較的若い、四五歳未満の方なら、iDeCoのすぐには引き出せない部分がデメリットに感じるかもしれません。ライフイベントが多く控えている若年層はできるだけ手元資金に余裕を持っておいたほうが良いといえます。四五歳未満でiDeCoをはじめるのであれば、ある程度手元資金に余裕が必要でしょう。

そのため、一つの目安として、「四五歳未満はつみたてNISAを優先させ、非課税投資額を使い切ったらiDeCo併用の検討を」「四五歳以上はiDeCoを優先させ、拠出可能額を使い切ったらつみたてNISAの併用を」というお話をすることがよくあります。

本書の主な読者は四五歳以降の世代の方でしょうから、セカンドライフのお金を準備できる、ラストスパートの時期にあたります。確定拠出年金は、つみたてNISAほどではありませんが、一般的な投資信託に比べて手数料が割安な傾向にあります。加えて、NISAと同様に利益に対しては課税されず、拠出額は所得控除されるというメリットを持ちます。

セカンドライフ資金を作るという目的では、最強の手段の一つと言えます。

まずはｉＤｅＣｏ口座内で、定期預金や投資信託を上限額一杯まで拠出することを目指してみると良いのではないでしょうか。

価格変動のある投資商品を選ぶ場合は、つみたてＮＩＳＡにラインアップしている商品や、先に触れた信託報酬が低く純資産総額が高いインデックスタイプの投資信託、コア・サテライト戦略でコアとすべき商品としてあげた例などを中心に検討すると良さそうです。

すでに老後資金がある程度用意できており、投資はあまり気が進まないという場合、ｉＤｅＣｏへ定期預金として資金をスライドさせるだけでも、減税効果が期待できます。

現行のｉＤｅＣｏでは、加入可能年齢は六〇歳未満でしたが、二〇二二年五月一日からは国民年金に加入する六五歳未満に拡大されます。

六一歳で余剰資金があるけれど、この年齢からどこに回したらいいかわからない、そんな方の選択肢としてもｉＤｅＣｏを選ぶことができます。

ｉＤｅＣｏの拠出可能額を使い切った際に、選択肢となるのがＮＩＳＡやつみたてＮＩＳＡです。ｉＤｅＣｏと違い、途中で売却し現金を手元に準備できるのも強みです。

そこそこ働き、そこそこ使う生き方

定年退職前後では、ｉＤｅＣｏ、つみたてＮＩＳＡの順に注力し、将来のための蓄えを少しでも積み上げていきます。同時に、「ねんきんネット」などを使って受給できる年金の目安額を確認することや、会社の退職金制度もチェックしましょう。

受け取る優先順位は、ｉＤｅＣｏ、退職金とすることで、退職所得控除を生かしやすくなります。また取り崩す優先順位は、ｉＤｅＣｏや退職金、手元に準備した預貯金などが先で、つみたてＮＩＳＡは二〇年間の非課税期間をできるだけ生かすべく、ゆっくりでも良いかもしれません。公的年金の受給はそれらで生活費をまかなえている間は繰り下げて、増額された年金を受け取ることを目指せると理想的です。

準備した資産の取り崩し計画を立てるには、そもそも我が家がどのくらいの生活費を必要とするのかを把握することも重要です。いくら退職所得控除や繰り下げ受給による増額など、制度上有利なものがあったとしても、直近で支払わなければならない生活費があるようであれば、早くに手元に現預金を準備することのほうが、当然、優先順位は上がります。

最も有利なものを目指すのではなく、我が家にとって最善で、「おおむね有利」な組み合わせを選ぶには、早めの情報収集と、現状把握が重要です。

我が家の家計の状況を把握し、会社の総務部門で退職金などを把握、住所地を管轄する税務署や日本税理士会連合会などを利用して税金に関する選択肢を得て、街角の年金相談センターなどで公的年金の目安や受け取り方法の情報を集めます。

早めに動いて、より我が家にぴったりの組み合わせを探してみましょう。

加えて、何らかのかたちで働く期間を延ばしたり、固定費を節約するなど支出を減らしたりといった、一見地味に見えるけれども、じつは中長期で見ると効果が絶大なことも、繰り返しになりますが、軽んじることなく検討してみましょう。

人生のどこかのタイミングで、今後困らないくらいの財産を築き上げる、ということだけしか解決策がないと思うと息苦しく感じます。そこそこ働き、そこそこ使い、制度については可能な限り有利なほうを選ぶということを心がければ、老後の生活をより良くするためにできることは、たくさんあると感じていただけるのではないでしょうか。

使い切れないほどのお金を準備する必要はありません。自分にとってちょうど良く、生きている間、底をつく瞬間がないように、さまざまな要素を組み合わせて、帳尻を合わせ続けていくことを目指しましょう。

風呂内亜矢

1978年生まれ、岡山県出身。1級ファイナンシャル・プランニング技能士。宅地建物取引士。全国銀行協会金融経済教育活動懇談会委員。日本FP協会評議員。マンション販売会社勤務から、2013年、ファイナンシャルプランナーとして独立。その後、テレビ、ラジオ、雑誌、新聞などで「お金に関する情報」を精力的に発信している。『日曜討論』『クローズアップ現代+』(以上、NHK)、『スッキリ』(日本テレビ)、『スーパー Jチャンネル』(テレビ朝日)などへの出演の他、web媒体への寄稿や著書も多数。You Tubeチャンネル『FUROUCHI vlog』では、日常の記録とともにお金に関するTipsも発信している。

講談社+α《プラスアルファ》新書 847-1 C

「定《てい》年《ねん》」からでも間《ま》に合《あ》う老《ろう》後《ご》の資《し》産《さん》運《うん》用《よう》

風《ふ》呂《ろ》内《うち》亜《あ》矢《や》

2021年12月13日第1刷発行

発行者―――― 鈴木章一

発行所―――― 株式会社 講談社
東京都文京区音羽2-12-21 〒112-8001
電話 編集(03)5395-3522
販売(03)5395-4415
業務(03)5395-3615

デザイン―――― 鈴木成一デザイン室

カバー印刷―――― 共同印刷株式会社

印刷―――― 株式会社新藤慶昌堂

製本―――― 牧製本印刷株式会社

定価はカバーに表示してあります。

落丁本・乱丁本は購入書店名を明記のうえ、小社業務あてにお送りください。

送料は小社負担にてお取り替えします。

なお、この本の内容についてのお問い合わせは第一事業局企画部「+α新書」あてにお願いいたします。

Printed in Japan
ISBN978-4-06-526364-8

講談社＋α新書

本社は田舎に限る　吉田基晴
徳島県美波町に本社を移したITベンチャー企業社長。全国注目の新しい仕事と生活スタイル
946円 797-1 C

50歳を超えても脳が若返る生き方　加藤俊徳
寿命100年時代は50歳から全く別の人生を！今までダメだった人の脳は後半こそ最盛期に!!
968円 798-1 B

99%の人が気づいていないビジネス力アップの基本100　山口博
アイコンタクトからモチベーションの上げ方まで。「できる」と言われる人はやっている
946円 799-1 C

妻のトリセツ　黒川伊保子
いつも不機嫌、理由もなく怒り出す──理不尽極まりない妻との上手な付き合い方
880円 800-1 A

夫のトリセツ　黒川伊保子
話題騒然の大ヒット『妻のトリセツ』第2弾。夫婦70年時代、夫に絶望する前にこの一冊
902円 800-2 A

世界の常識は日本の非常識 自然エネは儲かる！　吉原毅
新産業が大成長を遂げている世界の最新事情を紹介し、日本に第四の産業革命を起こす一冊！
946円 801-1 C

人生後半こう生きなはれ　川村妙慶
人生相談のカリスマ僧侶が仏教の視点で伝える、定年後の人生が100倍楽しくなる生き方
924円 802-1 A

明日の日本を予測する技術　「権力者の絶対法則」を知ると未来が見える！　長谷川幸洋
ビジネスに投資に就職に!!　6ヵ月先の日本が見えるようになる本！　日本経済の実力も判明
968円 803-1 C

人が集まる会社　人が逃げ出す会社　下田直人
従業員、取引先、顧客。まず、人が集まる会社をつくろう！　利益はあとからついてくる
902円 804-1 C

志ん生が語る クオリティの高い貧乏のススメ　昭和のように生きて心が豊かになる25の習慣　美濃部由紀子
NHK大河ドラマ「いだてん」でビートたけし演じる志ん生は著者の祖父、人生の達人だった
924円 805-1 A

精　日　加速度的に日本化する中国人の群像　古畑康雄
日本文化が共産党を打倒した!!　対日好感度も急上昇で、5年後の日中関係は、激変する!!
946円 806-1 C

表示価格はすべて税込価格（税10%）です。価格は変更することがあります

講談社+α新書

メンタルが強い人がやめた13の習慣　エイミー・モーリン　長澤あかね 訳
一番悪い習慣が、あなたの価値を決めている！　最強の自分になるための新しい心の鍛え方
990円　818-1　A

メンタルが強い子どもに育てる13の習慣　エイミー・モーリン　長澤あかね 訳
子どもをダメにする悪い習慣を捨てれば、〝自分を律し、前向きに考えられる子〟が育つ！
1045円　818-2　A

人間関係が楽になる神経の仕組み　脳幹リセットワーク　藤本　靖
わりばしをくわえる、ティッシュを嚙むなど、たったこれだけで芯からゆるむボディワーク
990円　819-1　B

もの忘れをこれ以上増やしたくない人が読む本　脳のゴミをためない習慣　松原英多
今一番読まれている脳活性化の本の著者が、「すぐできて続く」脳の老化予防習慣を伝授！
990円　820-1　B

全身美容外科医　道なき先にカネはある　高須克弥
「整形大国ニッポン」を逆張りといかがわしさで築き上げた男が成功哲学をすべて明かした！
968円　821-1　A

世界のスパイから喰いモノにされる日本　MI6、CIAの厳秘インテリジェンス　山田敏弘
世界100人のスパイに取材した著者だから書ける日本を襲うサイバー嫌がらせの恐るべき脅威！
968円　822-1　C

空気を読む脳　中野信子
日本人の「空気」を読む力を脳科学から読み解く。職場や学校での生きづらさが「強み」になる
946円　823-1　C

生贄探し　暴走する脳　中野信子　ヤマザキマリ
「世間の目」が恐ろしいのはなぜか。知っておきたい日本人の脳の特性と多様性のある生き方
968円　823-2　C

ソフトバンク崩壊の恐怖と農中・ゆうちょに迫る金融危機　黒川敦彦
巨大投資会社となったソフトバンク、農家の預金等108兆を運用する農中が抱える爆弾とは
924円　824-1　C

ソフトバンク「巨額赤字の結末」とメガバンク危機　黒川敦彦
コロナ危機でますます膨張する金融資本。崩壊のXデーはいつか。人気YouTuberが読み解く。
924円　824-2　C

22世紀の世界を先導する日本の科学技術　次世代半導体素材GaNの挑戦　天野　浩
ノーベル賞から6年——日本発、21世紀最大の産業が出現する!!　産学共同で目指す日本復活
968円　825-1　C

講談社＋α新書

会計が驚くほどわかる魔法の10フレーズ　前田順一郎
この10フレーズを覚えるだけで会計がわかる！「超一流」がこっそり教える最短距離の勉強法
990円 826-1 C

ESG思考　激変資本主義1990―2020、経営者も投資家もここまで変わった　夫馬賢治
世界のマネー3000兆円はなぜ本気で温暖化対策に動き出したのか？　話題のESG入門
968円 827-1 C

超入門カーボンニュートラル　夫馬賢治
カーボンニュートラルから新たな資本主義が誕生する。第一人者による脱炭素社会の基礎知識
946円 827-2 C

内向型人間が無理せず幸せになる唯一の方法　スーザン・ケイン　古草秀子 訳
成功する人は外向型という常識を覆した全米ミリオンセラー。孤独を愛する人に女神は微笑む
990円 828-1 A

トヨタ　チーフエンジニアの仕事　北川尚人
GAFAも手本にするトヨタの製品開発システム。その司令塔の仕事と資質を明らかにする
968円 829-1 C

ダークサイド投資術　元経済ヤクザが明かす「アフター・コロナ」を生き抜く黒いマネーの流儀　猫組長（菅原潮）
恐慌と戦争の暗黒時代にも揺るがない「王道の投資」を、元経済ヤクザが緊急指南！
968円 830-1 C

カルト化するマネーの新世界　元経済ヤクザが明かす「黒い経済」のニューノーマル　猫組長（菅原潮）
投資の常識が大崩壊した新型コロナ時代に、元経済ヤクザが放つ「本物の資産形成入門」
968円 830-2 C

シリコンバレーの金儲け　海部美知
「ソフトウェアが世界を食べる」時代の金儲けの法則を、中心地のシリコンバレーから学ぶ
968円 831-1 C

認知症の人が「さっきも言ったでしょ」と言われて怒る理由　5000人を診てわかったほんとうの話　木之下徹
認知症一〇〇〇万人時代。「認知症＝絶望」ではない。「よりよく」生きるための第一歩
968円 832-1 B

成功する人ほどよく寝ている　最強の睡眠に変える食習慣　前野博之
記憶力低下からうつやがんまで、睡眠負債のリスクを毎日の食事で改善する初のメソッド！
990円 833-1 B

健康本200冊を読み倒し、自身で人体実験してわかった　食事法の最適解　国府田淳
これが結論！　ビジネスでパフォーマンスを240％上げる食べ物・飲み物・その摂り方
990円 834-1 B

表示価格はすべて税込価格（税10％）です。価格は変更することがあります

講談社+α新書

岸田ビジョン　分断から協調へ

岸田文雄

全てはここから始まった！　第百代総理がその政策と半生をまとめた初の著書。全国民必読

946円
846-1
C

「定年」からでも間に合う老後の資産運用

風呂内亜矢

自分流「ライフプランニングシート」でそこそこ働きそこそこ楽しむ幸せな老後を手に入れる

946円
847-1
C